GENTOSHA
OUTLAW
BUNKO

笑う運転手
ウエちゃんのナニワタクシー日記

植 上 由 雄

笑う運転手　ウエちゃんのナニワタクシー日記

笑う運転手／目次

食い道楽へようこそ

いやいやいやタクシーという動く密室での商売は、毎日毎日ホンマにもぉ～色々な人がよぉ～さんこと乗って来る。

博打《ばくち》の借金に追われて逃げる居酒屋のオヤジ。

その借金を取り立てる悪徳金融屋。

その悪徳金融屋を追いかけるヤクザ顔の刑事。

その刑事を追いかけるアル中の事件記者。

その事件記者のツケを取り立てる居酒屋の大阪のおばはん。

友だちのお通夜に出る悲しい客。

その通夜に金ピカの自家用外車や高級ハイヤーで平気で乗り付ける金欲ボケ坊主。

「運ちゃん、ボ、ボクの部屋で冷ぇコォ～（アイスコーヒー）でも飲んでいかへん？　なぁ～んもせぇ～へんから！　ほんまに、ほんまに、なぁ～んもせぇ～へんからぁ！」

とタクシー運転手を誘うちょっと小金を持ってて小指を立てて内股で歩く町の開業医！

タクシーという動く密室はもぉ～毎日が一期一会なんである。

書き始めたらきりがおまへん！

ほんまに、あぁ～～～、しんどぉ。


タクシー運転手は平気でゴミを道に捨て、所かまわず何処でも立小便をし、暇なときは車内で鼻くそをほじくりその手でつり銭を渡す。

そして、すきあらばちょっとでも遠回りをじてやろうと虎視眈々《こしたんたん》とハイエナのよぉな鋭い目で客の様子をルームミラーで窺《うかが》っている。

タクシーメーターの距離計算はタイヤの回転数に連動されて計算される。料金メーターを一回分でも余分に売り上げようとタイヤの空気圧を下げて回転数をちょっとでも増やそうとするせこい奴。中型車やのに小型車のタイヤを付けてちょびっとでも回転数を誤魔化そぉとする糞欲どぉ～しいタクシー経営者。

お客さんが手書きで書いたタクシーチケットの金額の『3300円』の頭部分に『1』の数字を付け加え13300円にしてクビになるタクシー運転手。そんなクビになった悪逆タクシー運転手でも、日銭欲しさに過去の賞罰なんか無問題で保証人がいてへんでも簡単に採用する他のタクシー会社。

「汚い！」「恐い！」「クサイ！」のタクシー業界3Kに加え、「常識がない！」「普通の会話ができない！」「鼻毛が長い！」などと世間の人からはボロクソに罵声を浴びせられ、銀行からはローンを断わられサラ金からは借金を断わられ、タクシー運転手と言うだけでクレジットカードの申し込みは門前払いされ、仕方なく借りたヤミ金からは年利千%を超す暴利をむしゃぶり取られながらも、今日も色々な人生をさまざまな人たちを入れ替わり立ち替わりにバックシートに乗せて、愛する家族を養うために、フィリピンパブのねぇ〜ちゃんらに貢ぐために、競輪、競艇の軍資金を稼ぐために、大不況の街を一心不乱に睡魔をこらえて夏馬《かば》の遅行《ちこう》の如くフラフラと走り続けるのである。

某月某日

今日もウエちゃんのタクシーは、いつもながらの大阪市港区にある大水族館の海遊館で三時間という長時間の客待ちである。幸いにも奇麗に着飾り、新品の靴を引き摺り、髪には新しいパーマネントをかけ、顔は歌舞伎役者か舞妓はんの如くに塗りたくった、「私たちは田舎から大都会の大阪にカンコーに来ました！」風のおばはん三人組が土俵入りのよぉに大地をしっかりとふみしめ、「ドスン！　ドスン！　ドスコイ！」と乗って来てタクシーがバランスを崩して傾いた。

「まいどぉ、おいど！　おおきにぃ！」と三人のオバはんらを迎え入れるウエちゃんに、「えぇ〜！　まいど、って？　私らぁ、このタクシー初めてづらぁよぉ！」とお客さんらはびっくりしていた。

ここで、関西初心者の人たちに大阪の『まいど！』を説明すると、

「いらっしゃ〜い！　ごっつえぇ天気でんなぁ！　どないでっかぁ？　元気でっかぁ？　おおきに！　よぉ〜来てくれはりましたなぁ〜！　待ってましたんやぁ！　ほんまにほんま！いや、ほんまぁやでぇ〜〜！」

と言う意味になるのである。

大阪では、このたった三文字の『まいど』で相手に何でも伝えられるのである。

「まいど！」はめっさ、ごっつ、ばり、とてもとても簡単便利な言葉なんである。

時々「まいど！」と言うと「おいど！」と答える調子もんまでいてるんが大阪なんですなあ。

「ちょっと男っとこ前の運転手さ〜ん！　なんきゃぁ、うみゃあもんは、にゃあづらかぁ？」

とオバはん三人組はウエちゃんのタクシーに乗り込むなり開口一番聞いてきた。

「あれ〜？　お客さん、ひょっとしてもしかしたら伊豆のほぉから来はたんでっか？」

と時速六十キロで走りながら後を振り向いて聞くと、

「なぁんで、わかるんづらぁ？」と反対に聞き返してきた。

なぁんでわかるもわからへんも喋りが完全に花登筺《はなとこばこ》の『銭の花』になっている。

『銭の花』はテレビドラマになり『細腕繁盛記』として全国的に大ヒットした作品の原作小説である。

「加代っ！　おみゃ〜が悪りぃ〜づらぁ〜！」

の名台詞は三十代以上の人ならほとんどの人が知っているはずである。

「そうでんなぁ〜、美味しいもんゆぅ〜てもなぁ、大阪はなんでも美味いしぃなぁ、なんにしまひょ？　うどん？　ラーメン？　カレー？　オムライス？　豚マン？　イカ焼き？　タコ焼き？　明石焼き？　ネギ焼き？　JR鶴橋高架下の炭火焼肉？　それから腹こわしそぉ〜な油で揚げた新世界のジャンジャン町の串かつもえぇなぁ〜！　焼きモンや粉モンやったら大阪には何でもおまっせぇ！」

「そ〜んなもん、何処でもあるづらぁよぉ、もっと変わったもんはにゃづらかぁ？」

と不満そうにウエちゃんに聞いて来るオバはん三人組。

「変わったもんでっか難しいなぁ？　あっ、そ〜やっ！『マムシ』はどうでっか？『ま・む・し』は？　大阪人はまむしが好っきゃからねぇ！『マムシ』行きまひょ！　ま・む・し！」

とウエちゃんが日本一のニコニコ慇懃《いんぎん》似非《えせ》笑顔で言うと、

「えっ〜〜！　大阪の人はマムシを食べるづらかぁ？　ひぇっ〜〜〜！」

と言ったまんま伊豆のオバはんらは目がテンになっている。

「お客さん、マムシだけちゃいまっせぇ！　大阪人はドテ焼きゆぅて土手まで食べまっせぇ！　ひっひっひっ！」

とウエちゃんが慇懃似非笑顔で答えると、
伊豆から生まれて初めて遠く西方の地デンジャラスタウンのナニワバイスへ観光にやって来たオバはんらの三人は『マムシ』に『土手』と聞いて後ろの座席で顔を引き攣《つ》らせながら固まってしまった。

マムシといっても大阪で言うそれは『うなぎ丼』や『うな重』のことである。

大阪のうな丼やうな重はご飯とご飯の間に鰻をはさんで何年も継ぎ足してきた秘伝のタレをその上からたっぷり塗《まぶ》すところから、いつの頃からか『まむし』というようになったらしい。大阪・ミナミ道頓堀へ行くと鰻屋だけでなく各食堂ビルには必ず大書きで『マムシ有ります！』と書いてあるので、地方から大阪・ミナミや千日前や道頓堀のうまいもん屋へ食事に来た観光の人達は必ずカンバンの前で目がテンになり口が半分開いているのである。

口が半開きになるのは『まむし』のカンバン書きだけではない。

大阪は粉もんが美味い街である。粉もん文化の街である。その代表は『うどん』に『お好み焼き』にそして大横綱が『たこ焼き』である。関西人が口にする『うどん』と『お好み焼き』と『たこ焼き』の美味い第一条件はうどん屋のオバはんが必ず丼鉢の中の汁に指を平気で突っ込んで持ってくる事なんである。

お好み焼き屋とたこ焼き屋のオバはんは大声で喋り倒して出来上がりに「がっはっはっ！(入れ歯ポン)」と大笑いする事である。

大声で喋り笑うと唾が良く飛ぶ。オバちゃんの指の脂と唾がえぇ〜出汁《だし》を出すという事であるが大阪文化初体験の人はこれを見て、(特にフォッサ・マグナより東の人の)ほとんどがその場で気絶してしまうのである。

織田作之助の『夫婦善哉』に放蕩《ほうとう》三昧の主人公の柳吉が芸者の蝶子を連れて道頓堀相合橋《あいおいばし》

東詰の「出雲屋」にまむしを食べに行き、そのあと法善寺の花月(道頓堀南へ百メートル・現在は無し)へ桂春団治の落語を聞きに行くというこれぞ『This is ナニワ!』というくだりがある。
「出雲屋」は屋号を「いづもや」と変え今でもミナミ・千日前・道頓堀界隈を中心に営業をしているが、六十年も前に書かれた織田作之助のこの本の中には「出雲屋《いづもや》」以外になんと今でも営業をしている大阪・ミナミや千日前、道頓堀の「うまいもん屋」がよぉ〜さんこと出てくるのである。

「千日前『自由軒』の卵入り特製カレー」
「日本橋『たこ梅』のおでん」
「法善寺境内『夫婦善哉』のぜんざい」
「法善寺横町『正弁丹吾亭』の関東煮《かんとだき》」

あ〜、もう店の名前を聞くだけでウエちゃんは涎《よだれ》がちょちょ切れて胃液で胃と腸がとろけそうである(これ、ひょっとして胃潰瘍やろかぁ?)。

ウエちゃんは伊豆のオバはん三人組に『まむし』のいわれ経緯《いきさつ》を教え、織田作之助の『夫婦善哉』の一節を自分がいかにも昨日この眼でワイが見てきたかのように手振り身振りを交え無料で講釈した。もう出血大サービスチューリップ満開である。すると、巨体大食的伊豆在住中年少女三人組は、

「そ〜んなことだったらぁ早よぉ言うていよぉ！　びっくりするでかんわぁ！　たんまげたわぁ！　ほならぁ、マムシ！　マムシ！　まむしを食べるづらぁ！　あ〜、いとしのマムシちゃ〜〜ん。やっ〜とかめ（八十日目）づらぁ！」

となんか訳のわからへんことを言って悶え出した。

今度は完全にオバはん的食欲が『まむし』にとりつかれてしまったのである。

この勢いだと本物の蝮《まむし》でもご飯にのせて秘伝のタレをかけると、

「美味い！　これ美味い！　うまぁ〜い！　もう一杯！」

と丼鉢で三杯ぐらいは平気で食べそぉな勢いである。

あぁぁ〜〜、すまんのぉ〜〜〜！

オバはんが恐いんは大阪だけとちゃうのぉ〜！

全国的にどっこでも恐いのぉ〜！

みんなぁ、気ぃ〜つけぇよぉ〜！

　すまんのぉ〜！

「ちょっと、そこの男っとこ前のスマートな運転手さん！」

とオバはんがワイを呼ぶではあぁ〜りませんかぁ！

「はいはい、私がぁ男っとこ前のスマートな運転手です！　なんでっかぁ〜？」

　と返事をすると、

「まむしを食べたら次はタコ焼き〜！　それからうどんに、そうそう例のドテ焼きねぇ〜！あぁ〜、それから下痢する串かつも一回食べてみたいづらぁ！」

「えぇ〜〜！　まんだ食べはりますのん、大丈夫でっかぁ？（……目方は？）」

とびっくりして後ろを振り返ると一人のオバはんがスカートのボタンを一つはずし、もう一人のオバはんがズボンのベルトを二穴ずらし、最後のオバはんが矯正下着のホックを全部剥ぎ取るのを目の当《ま》たりに至近距離で見てしまい、余りの恐怖に金縛りにあい固まってひっくり返ってしまったタクシー運転手のウエちゃんなのでした。

　もぉ〜、オバはん……ごっつ恐いわぁ！

レイナは港で待っている

某月某日

道頓堀橋西詰角には、関西人なら誰もが知っている高級でめちゃんこ美味いすき焼き屋がある。

ここのすき焼きは絶品である（食べたんは一回だけやけど……すんまへん）。隣は歌舞伎の舞台公演で有名な松竹座、そこから二百メートルほど南へ下ったところには新歌舞伎座という劇場があるが、「歌舞伎座」という名前のわりには、なぜか有名歌手の歌謡公演で一年のスケジュールが埋められていて、あの流し目のスギ様も一年に一回一カ月間やって来る。

スギ様の一カ月公演がある時は「新歌舞伎座の周辺を空車でウロウロしてはいけない！」という大阪タクシー運転手仲間秘密の鉄則がある。スギ様公演の間は、新歌舞伎座周辺はスーパーオバちゃんパワーがルート三乗 π r の二乗（公式合ってますか？）ぐらい爆裂しているのである。

昔は、伝説のあの某有名漫才師の前を「絶っっっっ対に空車で走ってはいけない！」という大阪タクシー運転手仲間暗黙の言い伝えがあった。もし間違って乗せようものなら、「こらぁ、もっと走らんかい！　なぁんで赤信号で停まるんじゃぃ！　行かんかい、行かんかい。外からまくらんかぁい。インとれぇ、インを。ボケ！　コラぁお前もプロの運転手やろぉ、命かけんかぁい！　わしはヨォコヤマやぁ。殺すドぉ！」と、もう滅茶苦茶の支離滅裂だったそうで、今でも伝説として語り継がれている。小林信彦『天才伝説・横山やすし』にはこの天才漫才師の逸話が沢山載っていて、ウエちゃんはその天才ぶりに感動半分、「もしこの頃タクシー運転手をやっていたら」と恐さ半分で熟読してしまった。

この日、ウエちゃんはいつもの客待ち場所からいつものようにナニワこてこてオバはんを乗せ道頓堀で降ろすと、道頓堀橋西詰角の高級すき焼き屋の前の信号で停まってしまった。週末とあって、タクシーの周りは物凄い人である。

すると……後ろのドアをノックする音がする。早くも次のお客はんである。超ぉぉ、嬉しい（ついている！　えぇでぇ、えぇやんかいさぁー！）。

しかし、後方には正規のタクシー乗り場があり、バックミラーで覗くと、先頭の運転手がウエちゃんの方を先祖代々の仇のように睨み付けている。まるで、鍵屋の辻の荒木又右衛門のようである。そういえば一年に数回、深夜に酔客を乗せて伊賀上野の鍵屋の辻を通るが、どこの町にもある普通の四つ角である（そんなん、あたりまえやね！）。

んー、困った！

（そぉや！　若いネェちゃんやったら乗せたろ。オバはんやったら後ろのタクシー乗り場に行ってもらおう。ええ考えやぁ。素晴らしい！）そう心の中で三回つぶやき、後ろを振り返ってドアを開けかけると……。

そこには毎度おなじみ、太いチェックのスーツに開襟シャツ姿のナニワ名物・極道様が〝I am ヤクザ〟という物凄い顔で、またまた、またもや立っていたのである。トホホホ、うぅぅぅ！　週末の雑踏の中で、よりによって今日もまた極道を乗せてしまった。今日もまたということは、昨日も一昨日も乗せた、いやいや、わざわざご乗車いただいたということである。本当に心から嬉しい限りである。

「運ちゃん！　近いねんけどなぁ、ちょびっと乗したれやぁ。のぉ、われぇ!!」

と言うではあぁりませんかぁ！

「あ、あ、あのあのあの……、う、う、うし、うしろにタ、タ、タク、タク、タクシー乗り、乗り……場……」

と言うウエちゃんの言葉をさえぎり、

「なぁーにをごちゃごちゃ言うとんねん、われぇ!!　乗されへんちゅんかぁい、こらぁ！

よぉ〜、わぁれぇ〜！　ええカッコ言うとったら南港へ沈めんぞぉ、こらぁ！」

とまたである。大阪のヤクザは本当に南港が好きだ。極道教本の応対マニュアルにでも書いてるんやろか？　いっつもどこでもみんな同じセリフである。ウエちゃんなんかはタクシー運転手になってもう三回ぐらい岸和田港へ、八回ぐらい淀川へ、そして六十三回ぐらいは南港へ沈められている。もしも「極道バーガー」という店があったなら、「われぇ、ポテトをセットで買わんかぁい！　今日は安うなっとんねん！　何ぃ、いらん!?　南港へ沈めんぞぉ、われぇ!!」となるのだろう。

ウエちゃんの訴えに、当然耳を貸さず乗り込んできた今日のヤクザは行き先を告げる。

「運ちゃん！　港区天保山の海遊館まで行ったれやぁ、ワレェ！」

なんと、今朝方三時間待ったいつもの場所であった。

「ううう………」

「聞こえとんかぁい、こらぁ！　ワレェ、絞めるぞぉ！」

「いっいい、今、その海遊館から来たとこですねんけど。ぅぅぅぅ……（涙）」

「それがどないしたんじゃ！　何泣いとんねん。アホかぁ！」

後ろのタクシー乗り場に目をやると、さっきまでこっちを睨み付けていたあの荒木又右衛門は、タクシー運転手御用達の助平芸能週刊誌で顔を隠して知らん顔をしている（はぁー、なんでこんなにウエちゃんのタクシーにはヤクザがよう乗ってくるんやろぉ？）。

しかしあまりにいつものことなので、考え込んでしまう。なんでやろ？　ようわからへんけど、最近出た結論としては、どうもこのウエちゃんの丸顔がヤクザにごっつ好かれるらしい、ということと、遠くからでもヤクザを引き寄せてしまうフェロモンを身体のどっからか噴出しているのではないか、ということだ。

そう言うたら「猛犬注意！　嚙みます！」の札がかかっている家の前を通ると、必ず猛犬が尻尾を振って「にたぁ」と笑いながら近づいてくる。極道も猛犬も一緒なんやろうか？一緒のような気もする。

一カ月ほど前も……。

大きな鉢植えの花を大事そうに抱えた、うちのタクシー会社の腰の低〜い事故係のような、清潔で身なりのきちんとした、おとなしそぉなヤクザが乗ってきた。行き先はひっくり返るような長距離、どう考えてもその仕事一本で、普段の三日分の売上は確実に上がる。

……ということは、この仕事をすれば二日休んでも差し支えがないということになる。嬉しいような、哀しいような、迷惑なような複雑な思いである（ほんまは嬉しい！）。

ウエちゃんは目の前の三日分の売上に目が眩んでしまい、『金色夜叉』のように、

「おおきに！　喜んで行きまっさぁ。どこでも行きまっせ！　何でも言うておくんなはれ」

と答えてしまった（あぁ情けない！　ほんまやねぇ）。

「おおきに運ちゃん、まぁ前だけ向いて安全運転で走ってくれたらえぇねん。絶っ対に警察に捕まるような走りしたらあかんでぇ、絶っ対に。安全運転！　安全運転や。頼むでぇ。ゆっくりでえぇねんからなぁ。あっ！　それからこれ先金や。足りんかったら言うてやぁ。余ったらチップやぁ」

とヤクザは先金という人の心をくすぐる心遣いまでしてくれる（嬉し〜）。

車中でのヤクザは鉢植えの花を大事に大事に我が子のように抱きかかえて、絶対に離そうとはしない。なんか変な雰囲気である。おかしい。怪しい……!!

「お客さん？　しんどいでっしゃろぉ。花、横に置きはったらどぉでっか？」

「えぇねぇん！　運ちゃん気ぃ遣わんといて。ほんまに事故だけはせんといてやぁ」

となんと腰の低い喋りの柔らかい極道やろぉ？

ウエちゃんのタクシーは安全運転で快調に四十キロ制限の一般道を八十キロで走行中である。プロ用の二種免許を取って六年、一年に三百乗務ぐらいするが、まだ一回もスピード違反で捕まったことがないのが、ウエちゃんのくそ自慢である。追突事故は三回あるが……（すんまへん！）。

んが突然、貧乏くさい野良犬がフラつきながらヨタヨタっと飛び出してきた。

「あーっ！　あかん！　当たるー！　わぁっ!!」

とウエちゃんは力の限りブレーキを踏んだ。見ると、間一髪野良公は無事で、びっくりして目を白黒させて情けなさそうな顔で小便をちびっている。

ホッとして再び車を発車させようとした時、後ろからガサガサという音がするので、思わずルームミラーを覗くと、ヤクザがしっかり抱きかかえていた鉢植えの鉢と花がはずれ、中から何かがハミ出しているではないか。やっぱり……！

「えーっ？」

と驚いて後ろを振り向くとヤクザと目が合ってしまった。

「運ちゃん見たらあかんでぇ！　前向いといてぇ。顔は正面やでぇ！　動かすなァ！」

「ははは、ハイっ！　正面、正面と……」

まだまだ命が惜しいウエちゃんとしては、前を向くしかない。後ろでは何やらゴソゴソ音が続いていて、どぉも鉢の中に何かを一生懸命入れているよぉ～である。最後に「ポン！」と花を差し込む音がしたと思ったら、

「よぉーし！　オーケーや。運ちゃん、もぉ顔を動かしてもえぇでぇ。悪かったなぁ。ひょっとしたら、今なんか見た？」と聞いてきたんで、

「い、い、いぇいぇ！　なぁんも見えてまへん、なぁんも！　はっはっはっ。ボク目悪いさ

かい。メガネかけても視力〇・七やさかい。タクシー運転手は二種免許やから視力〇・八ないとあきませんねん。こないだも免許の更新まけてもらいましてん！『まけて』言うたら『はい、どうぞ』やて。はっはっはっ！　はぁぁ……（ごっくん！）」

「そりゃえぇわぁ。これ以上あんまり詳しいこと聞かんといてや、なぁ！」

「……はぁ。あのぅ、花の鉢の中に何か入ってたんでっか？」

「何ぃ！　われぇごちゃごちゃ聞いとったら南港へ沈めんぞぉ。こらぁ！」

（また南港やぁ。しゃぁから極道は嫌やねん。ほんまにもぉ）ぶつぶつぶつぶつ……。

それ以来、ヤクザが道に立っていると、どうも鉢植えの花を持ってへんやろかと気になって仕方がない……。

大阪の街はやたらに極道が多いんでノイローゼになりそうである。


地方から大阪へタクシー運転手として出稼ぎに来る人は、二カ月ほどで簡単にやめていく。その理由は毎日必ず極道が乗ってきてヤタケタを言うのと、あのルールなき我が先の阪神高速の合流に乗ることができないからだという。

ウエちゃんなんかは逆に東京へ初めて車で行った時、首都高速のあの整然とした昔のオリンピック日本選手団の行進のような合流を見て恐くなり、なかなか本線に乗れなかった。大阪の阪神高速の雑然とした仁義なき合流の方がなんぼか楽である。馴れというものは本当に恐ろしい。

もう一つの問題、ヤクザの方はと言えば、たいがい「こらぁっ、乗せんかぁい！　われぇ、どつきまわすどぉっ！」と、無理矢理ドアを開け乗ってくる。どつかれて、その上まわされたらたまったもんやない。ヤクザからすれば「この不況下に空車タクシーなんかぎょーさんおんねんから、わざわざお前のタクシーを選んで乗ってやっとんねん！　舐めとんのかぁ、われぇ！」だろうが、はっきり言って別に無理して乗ってもらわなくてもいいのである（ほんまに）。

「おい、おい！　こらっお前！　さっきから何一人でぶつぶつ言うとんねん。前向いて走らんかぁい。信号青やんけぇ～、さっさと海遊館行けぇ。何しとんねん」

「あっ！　すんまへん。ちょっと考え事してましてん」

「頼むでぇ、運ちゃん。ちゃんと前向いて安全運転で行ってや！　安全運転やでぇ」

「えぇっ！　お客さん、もしかして鉢植えの花持ってまへん？」

「なんでやねん？……」

今日乗ってきた極道のお客サマの行き先はしかし、なんとカワユイ、ナニワの名物水族館「海遊館」であると言う。

なんでヤクザが海遊館なのか？　地上高が百メートル以上ある世界最大級の大観覧車に乗ってシャブでも打つんやろか？　滅茶苦茶気になるところだが、そんなことを聞こうものならまたまた、南港へ沈められる。海遊館の隣が極道マニュアルにも載っている南港である。

　もちろん、海遊館はヤクザが一人で行っても楽しいところである、まあおそらく……。あの巨大水槽の大きさは説明のしようがない。あれは見た人でなければわからない。なぜならこの世の中にあんな大きな水槽と比較する物がないからである。

　……というようなことは、やはりこのお客には関係なかったようだ。

「おう、運ちゃん！　海遊館ゆうて一体何があんねん。われぇ知っとるけぇ」

「えっ！　お客さん知りまへんのぉ？　やっぱり海遊館の裏の突堤で密入国の受け入れでっか？　シャブかチャカの取引でっか？　最近あそこもあきまへんでぇ。水上警察ウロウロしてますもん。ほんまに」

「あほか！　何言うとんねん、お前。子供と会うねん。可愛ゆい可愛ゆいレイナちゃん。オレに似て、も〜無茶苦茶可愛いねぇんやぁ」

「レイナ！　がっはっはっ(大笑)。な〜んか北新地の隅の隅のそのまた奥のバッタもんのクラブのホステスみたいな名前でんなぁ」

「なんでわかんねん。昔の女の名前と一緒やぁ！　北新地のバッタもんのクラブへおったんやぁ。悪かったのぉ。すまんの〜」

「…………」

バッタもんとは、「安もん」「中古もん」「かっぱらいもん」「倒産品」のことで、関西ではこの手の商品を扱う店を「バッタ屋」と呼ぶ。大阪には一つの町内に必ず一軒や二軒はバッタ屋がある。とてもとても不思議な街である。

さすがに極道も人の子である。子供のことに話を振ると、さっきまでの沖縄の安もんのシーサーのような険しい顔つきが急に緩んできた。

「海遊館で半年ぶりにレイナちゃんと会うねん。別れた嫁はんが連れてきょんねん。どっかオモろいとこあるけぇ？　別れた嫁は大阪港へ沈めとくさかい、レイナちゃんと二人きりやねん。楽しみやのぉ、われぇ。嬉しぃのぉ。わっはっはっ。がっはっはっ」

「いくつでっか？」

「五十二やんけぇ！」

「誰が？」

「わしに決まっとるやんけぇ。そこ歩いとるオバはんの歳、言うてどないすんねん。あほか！」

と笑う河内のヤクザの口元では、金歯銀歯が安もんの質屋のように光り輝いていた。

「な〜んで、お客さんの歳聞かなあきませんねん。レイナちゃん！　お客さんによう似た河《か》馬《ば》みたいな顔をした、可愛ゆいレイナちゃんの歳でんがなぁ」

「わしによぉ似た河馬みたいな顔をしたぁ……？　誰が河馬やねん！　絞めたろかぁ？　わっはっはっ」

ヤクザは自分の愛娘の話に夢中で、何を言っても機嫌がいい。こうなるとウエちゃんの口も天麩羅を食べた後のように滑らかになって、すっかりウエちゃんのペースである。

「四歳やんけぇ、四歳。可愛いのぉ。がっはっはっ」

「四さーい！　四歳でっか？　お孫さんちゃいますなぁ」

「そうやねん。よお言われんねんけどなぁ。可愛ゆいお孫さんですねぇ、言うてなぁ。それでも嬉しぃのぉ。我が子やけど孫でもかまへん」

「河馬がでっか……？」

「しゃぁから、誰が河馬やねん。えぇかげんにせぇよぉ。しゃぁけどなぁ、歳取って出来た子は可愛い言うけどなぁ、あれほんまやでぇ運ちゃん。『孫』ゆぅ歌あるやろぉ。知っとるけぇ？　あの歌なぁ、毎日風呂で三番まで五回歌うてんねん。のぼせるでぇ、ほんまに……。たいがいにせなアカンわぁ。ここで運ちゃん一回歌とぉたろかぁ？」

「いやいや、よろしいわぁ。お客さんの顔だけで、もぉ腹いっぱいですわぁ」

「ほうかぁ、惜しいなぁ。せっかくチップを三千円出そぉ思うてたんやけどなぁ。惜しいなぁ。惜しい。ほんまに惜しい」

「……あのぉ、すんまへん。ちょ～ど今、腹へってきましたわぁ。はっはっはっ」

またもや目の前の現金に目が眩んでしまったウエちゃんなのであります（恥ずかし～い！）。

かくしてヤクザの犬吠埼《いぬぼうざき》（？）いやいや銚子（調子）はずれの「孫」をフルコーラスで聞かされたウエちゃんはもうヘトヘト。ところがその傷口に強力サロンパスを貼るようにヤクザはさらに、

「どや、うまいやろぉ？　今日は絶好調やのぉ。『孫』の第二弾で『孫びいき』ゆぅのがあんねん。知っとるけぇ？　それ歌うさかいに聞いてやぁ」

「えぇーっ！　すんまへんお客さん、さっきからもぉ電信柱にぶつかりそぉなんですわぁ。堪忍して下さいよぉ。千円返しますから」

「千えーん？　アホか。二千円返せ！」

「えぇーっ！　二千円でっか？……うぅーん、『孫びいき』も喜んで聞かせてもらいます、はい。それでは張り切ってまいりましょう。どーぞー」

（なんでワイが司会せなアカンねん。タクシー運転手やぞぉ！）

ヤクザの車内歌謡ショーは十分ほどしてやっと一段落ついたが、ウエちゃんは耳元で大声で、しかも下手クソに歌われたもんやから、三半規管に響いたのか平衡感覚が崩れ、もうフラフラになってしまった。（こんなことやったら、さっき二千円返しとったらよかったわぁ……）と後悔しきりである。しかし、ウエちゃんの三半規管に多大な影響を与え、このままではヤバい！ほんまに事故起こすかもわからへん、というところまで追い込んだくせに、今の歌でヤクザはますますご機嫌がよろしくなってきた。

「どやぁ、うまいやろぉ？　組のカラオケ大会でもいっつも優勝すんねん。優勝商品は極上のシャブやでぇ！　効くでぇ、あれはぁ」

「組のカラオケ大会でっか？　ヤクザもカラオケ大会しますのん？　へぇー」

「するでぇ。ボウリング大会もあるし卓球大会もあんねん。野球大会はすごいでぇ。デッドボールでも当てたらすぐに喧嘩やぁ。最近は高齢の幹部がおるさかいゲートボールやグラウンドゴルフの大会もあるでぇ。やっぱりこの世界はなぁ、福利厚生をしっかりせぇへんとなぁ、若いもんは逃げていくさかいのぉ。ところで運ちゃん、毎年十二月十三日は何の日か知っとるけぇ？」

「事始めでんなぁ。そのくらい知ってまっせ！」

「そぉや。運ちゃん、教養あるのぉ」

「おおきに。東大阪の駅弁大学パチンコ学部銀玉学科中退ですわぁ」

「おぉ！　学あるのぉ。そぉやねん、事始めやねん。その日はなぁ、警察が絶対にけぇへんような山ん中の温泉ホテル貸し切って、組織全体でさっき言うた大会をやんねん。『極道ピック』ゆぅてなぁ。がっはっはっ！　ほんまやでぇ」

「温泉ホテル貸し切りでっか？　ごっついでんなぁ」

「そぉやねん。昔は一般客と一緒に泊まっとたんやけどなぁ。いつやったかなぁ？　隣の宴会場でコンパニオンのスカートの中に手ぇ入れて無茶苦茶しとる客がおるさかい、みんなで助けよぉゆぅてなぁ、乗り込んだんや。そしたらなーんと地元の県警と機動隊の合同忘年会やったんやぁなぁこれが。ドラマみたいな話やでぇ、ほんまに……。びっくりやでぇ。ほんで次の年の事始めから温泉ホテル一軒丸々貸し切りにしたゆぅこっちゃなぁ。信じられへん話やろぉ」

「へぇー！　色んなことがありまんねんなぁ」

　タクシー運転手をやっていると毎日毎日色々な客から、さまざまな情報が入ってくる。しかし、まさか極道ピックの情報を得ようとは思いもよらなかった。組織の色々なことを喋りのヤクザに教えてもらっていると、ほどなくレイナちゃんが待っている目的地の巨大水族館・海遊館に到着した。

「あそこにおるわぁ。おぉおぉ〜、わしによう似てやっぱり可愛ゆいのぉ。なぁ運ちゃん」

「…………」

そこには予想通りにヤクザの河馬顔に瓜二つのレイナちゃんがちょこんと一人で立っていた。多分母親は大阪港に沈められたらいけないので、どこかに隠れているのであろう。

「パパぁー。こっち、こっち。パパぁー！」

「おっ、おっ、お客さん？　ひょっとしてお客さんがパパでっか？」

「あったりまえやんけぇ。ワシがパパやぁ」

「へぇー、パッパラパーみたいな顔をしてぇ」

「ほっといたれぇやぁ。ほげた抜かしとったら、われぇ南港へ沈めんぞぉ。われぇ！」

南港はこれで六十四回目である。六十五回目かな？（もうわからへん！）

このペースで行くと、おそらく今世紀中には百回到達は確実な情勢である。

ナニワのオバはん道

某月某日

今日は秋晴れの日曜日である。

日曜日の大阪市内は、いつもの我先《われさき》に行こうとする大渋滞と、交差点の中ほどまで平気で進入してくるナニワ名物の路上駐車が嘘のように解消され、梅田やナンバ、道頓堀のＪＲＡの場外馬券売り場付近以外は、車はガラガラでほんまに走りやすい。

ウエちゃんのタクシーはいつも、住之江区、大正区、港区、此花区などの大阪西部を中心に、市内に向かってではなく海の方に向かって、ヨタヨタと大阪港や南港方面を流している。ほんまに南港が好きなタクシー運転手である。これはもう、生まれた時からどどめ色の糸で結ばれた運命なのかもしれない。

なんで市内に向かって流さへんか？

答えはきわめて簡単である。市内に向かって流すと、お客さんがよぉ～さんおって渋滞に向かって仕事をせ〜へんとあかんからなんやねぇ。逆方向に流すと、お客さんはおらへんわ、渋滞はあらへんわぁで滅茶苦茶楽なんやねぇ。売上は全然上がらへんけど。いや、ほんま！

このことを我が家のとっても優しくて上品で美人で物分かりのいい嫁はんに話すと、

「あんたなぁ〜！　えぇかげんにしてやぁ。いつまでタクシー業界の春団治やってんのん！チンタラチンタラ仕事してぇ。晩御飯だけは七時にきっちり食べに帰ってくるしぃ。晩御飯のこと、忘れられへんかぁ？　ほんまにもぉ、夜中に簀《す》巻《ま》きにして、そこの尻無川《しりなしがわ》へ沈めるでぇ！　おりゃ〜っ！」

と素晴らしく品のあるお言葉で叱ってくれる。ほんまに、えぇ嫁はんやぁ。大阪デュエット歌謡の定番「浪花恋しぐれ」の歌の文句そのものの夫婦である。

ウエちゃんの住む大阪市大正区という所は、淀川から分かれた大川（旧淀川）の支流の木津川と尻無川に挟まれた街である。隣町（港・西成・住之江区）へ行くのに遠回りになって不便なのと、ドック入りの中型船が川を行き来するので橋がかけられへん、ということで、今でも昔懐かしいポンポン船の渡し船が五カ所にある。

ウエちゃんのタクシーに乗って観光すると、必ずこの渡し船の乗船が組み込まれている。大阪観光本に載っていない「ナニワB級裏観光コース」である。おそらく、大阪二万台のタクシーの中で無理矢理渡し船にお客さんを乗せるのはウエちゃんだけとちゃうやろかぁ。

渡し船は市営で、十五分に一回、無料で対岸の街とを往復している。管轄は大阪市建設局。当然、船頭さんは大阪市職員。政令指定都市の地方公務員さんなのである。だから時間通りの運航を頑なに守って、どんなことがあっても決められた時間以外、決められた仕事以外は絶対にしないという、素晴らしい職業意識を持った方々。なぁ〜んか、旧共産主義国の空港職員やホテルの従業員のようやね（行ったことは一回もあらへんけど、聞くところによると）。

この街の川沿いには小さな造船所が建ち並び、零細企業の町工場が林立する。これぞ大阪という下町！　タコ焼きも八個から十二個で百円程度と超格安。そして美味い。みんな夕食のおかずに必ず買って帰る。他の地域の人には信じられない話であろうが、主食がお米、おかずがタコ焼きという家庭は大阪ではごくごく普通なのである。

このコテコテの街がおもろいということで、大阪もんのテレビドラマや映画ロケがしょっちゅう撮影に来る。ウエちゃんの自宅の近所にも「甚平の渡し」という太閤さんの時代から続く有名な渡船場があって、朝の全国向け情報番組で大阪発信のネタが切れるとテレビ局は必ずここへやって来る。

「あぁ〜！　そういうたらテレビで見たことがあるわぁ」と言う人が読者の中にも、よぉ〜さんこといてはるやろねえ。

そんな時に後ろでVサインを出している大馬鹿タレがおる。もし甚平の渡しの後ろでテレビカメラに向かってVサインを出している丸顔の歯抜けの変なオッサンがおったら、それは間違いなく私です。

十数年前、アメリカ映画の『ブラック・レイン』の撮影隊が、この大阪のコテコテの我が下町にやって来た。日米の映画スターが間近で見られるということで、撮影現場の某製鉄所に町中の住人が押し寄せ、在阪の放送局の取材も入り乱れて、ケガ人が出る大パニックになってしまった。ほんまに、大阪はおもろい街である。

平日は渋滞もない客もいない南港方面の道路も、最近は週末の事情がちょっと違ってきた。若者や家族連れの車で大渋滞してしまうのである。JR環状線・弁天町駅付近では、タクシー乗り場から溢れた客がやたら路上で手を上げている。仕事をあまりしたくないウエちゃんにとっては、大迷惑な話やねぇ。

最近、大阪港ベイエリア・ウォーターフロント開発という名の下に、海は埋め立てられ海岸線が沖に進出して突然人工島が現れ、若者向けの新しい商業施設が次から次へと出来てきた。天保山ハーバービレッジ・海遊館・サントリーミュージアム・ATC（アジア太平洋トレードセンター）・WTCコスモタワー（ワールドトレードセンター）・インテックス大阪

（国際見本市会場）・なにわの海の時空館・咲洲《さきしま》コスモスクエア・舞洲《まいしま》スポーツアイランド・北港ヨットハーバー、等々、もうきりがない。新しい施設はなぜか横文字ばっかしで、五十代以上の人はもぉ〜完全に浦島太郎状態である。

　そして二〇〇一年の春、とうとう出来てまうのが「ユニバーサル・スタジオ・ジャパン」。

「運ちゃん、それ一体なんのこっちゃ！　新しい写真屋かぁ？」

と、すきあらばボケをかまそうとする大阪のオバちゃんからよく質問を受ける。

「まぁ、アメリカ版の映画村でんなぁ、ユニバーサル映画ゆぅ会社の。知ってはりまっか？」

「へぇ〜！　ほな、ジョン・ウェインなんかがおるんかいなぁ？　こないだ京都太秦の東映映画村へ行ったらなぁ、山城新伍や梅宮辰夫がおったでぇ。男っとこ前やったでぇ！　あんなんかぁ？　運ちゃん？」

「まぁ、そんなもんでんなぁ。映画村と遊園地が一緒になったようなもんですわぁ！」

「へぇ〜！　遊園地と映画村が？」

　とオバちゃんはまだよくわかっていないようである。

「ジュラシックパークゆぅて知ってはりまっか？（知らんやろなぁ……）」

「甲子園パークなら知ってんでぇ、運ちゃん。レオポンがおんねん、レオポンが。タンポンちゃうでぇ。がっはっはっ！」

「……バックツーザフューチャーは？」

「何？　バケツがフチャッ？　知らん！」

オバはんは、ウエちゃんがちょっと心のすきを見せた間に無理矢理ボケをかましよった。

「ほな、ジョーズなんか知りまへんわなァ？」

「えっ、何が上手やのん？　何が、何が！　運ちゃん、教えて」

「……もう、な〜んも喋らん！」

ウエちゃんは一年中、こんな訳のわからん大阪のオバちゃんを、タクシーという恐怖の密室の中で相手にしてまんねん。ウエちゃんの笑いのセンスが自然に向上するのも無理はない。やっぱり、大阪のお笑い文化は、こういったオバはんが原点なのである。

「運ちゃん！　もうちょっと親切にわかりやすぅ教えてやぁ。せっかく、こぉんな若い絶世の美女が聞いとるんやさかいに。がっはっはっ！（金歯銀歯キラキラ……）」

「すんまへん、絶世の美女はスカートの腰のところはゴムでっか？　びっくりやなぁ〜。ところでお嬢さん！　お歳は、おいくつでっか？」

「二十八歳！」

「ほぉ〜。二十八歳でっか！　ほな大阪万国博の時は何歳？」

「十八歳!……？　あわわわわっ」

「へぇっ〜!　万博の時十八歳で、今二十八歳でっか？　若いなぁ〜。どう見ても二十八歳には見えまへんでぇ。もうちょい、若こぉ見えまっせ、ほんまに!」

「えっ!　ほんまっ。嬉しいやんか。何歳ぐらいに見える、運ちゃん？　嬉しいわぁ。よぉ〜見たら運ちゃん、えぇ男やわぁ。タイプやわぁ」

「そぉやなぁ〜、どぉ見ても四十六歳ぐらいに見えまっせ!　歳より若こぉ見られるなんて、羨ましいでんなぁ。ほんまにぃ」

「運ちゃん、それ誉めてんのん？　喜んでもえぇのん？」

「…………」

とかなんとか、わいわいがやがやと言うてるうちに、ウエちゃんのタクシーは事故もなくオバちゃんの目方でパンクもなくオバはんが指定した目的地に到着したのであります。

「お嬢さん、ここでよろしいでっか？」

「おおきに運ちゃん。ここでえぇわぁ。なんぼ？」

「えぇとぉ、ちょうど三千三百万円でんなぁ!」

ここで「わっはっはっ!　面白れぇなあ、大阪のタクシーはぁ。最高じゃーん」と大笑いするのは、笑いのセンスがほとんど皆無な関東人!

ナニワのど根性オバはんは、まだまだ。「どや、これでもか！」と、突っ込んでくる。

「いやぁ～、滅茶苦茶、安いやんかいさぁ！　ほな五千万円札で二千万円お釣りちょ～だい！」

「はいはい、ほな二千万円お釣り……？　えぇっ～、そんな殺生なぁ～。三百万円の損やぁ！」

危ない。あと一歩でオバはんの術中にはまるとこやった！　大阪の商人は大阪のオバはん相手に気を抜くと、どえらい目に遭ってしまうのである。

どないもこないも緊急事態！

某月某日

ウエちゃんは毎日十回前後、お客さんを乗せる。いやいや大変失礼こきました。申し訳ございません。ウエちゃん、一生の不覚。失言でございます。お客様に、ご乗車いただいている。

（……えぇと、これでよろしいでしょうか？　鬼より恐い、大阪タクシー近代化センター様）

その内の半分以上が、あつかましいことで全国にその名を轟かせている大阪のオバはんと、な～んかどっかが、ちょっと変わった奴である。次はどんな変な奴（お客様）が手を上げて乗ってくるのか、も～、楽しみで楽しみで仕方がない。

馴れとは恐ろしい。普通のお客さんが乗ってくると面白くないのである。運転しながら自分自身でわかるが、機嫌が悪くなってくるのである。ウエちゃんのタクシーは変な奴、大歓迎なのであります。

今日のウエちゃんは、朝から胃と腹の調子が強〜烈に悪く「おぇっ、おぇぇっっ〜！」と、えずきながらの営業運転である。息が臭い！　もぅ〜どないしょ？

信号待ちの横断歩道の手前で窓を開け「うぅ〜〜っっ……うぅぅっっ…。オェ〜〜！」と大声でカラえずきをすると、豚まんを食べながら横断歩道を渡っていたナニワこてこてOL風五人組が「うわぁっ！　ひぃぇ〜。助けてぇ〜！　気持ち悪るぅ！」とダッシュで逃げていったものだから、街を歩くみんなの視線がウエちゃんに集中してしまった。

「あの運転手、運転席からケツ触るかぁ〜？」と言っているようでもある。ものごっつい誤解やねんけど……。

タクシーの仕事はほんとうに不思議である。腹具合が悪い時、熱がある時、股間が猛〜烈に痒《かゆ》い時、コンビニのおにぎりを一口で口の中に入れて、モグモグやっている時に限って、なぜか長距離客が当たってしまう。便所がない大渋滞の阪神高速道路に乗っていて、下痢気味でさらに水虫と股間が痒〜い時なんかは、もぉ最悪である。

胃の調子が良くなってきたら今度は、「こだま」クラスの、夢の超特急の下痢である。まだ「のぞみ」クラスには達していないので、下痢止めの薬を飲めばなんとかなるはずである。

国土地理院公認の日本一低い山！　天保山（標高四メートル五十センチ・三角点有）麓《ふもと》の

木陰で冷や汗を拭っていたら、オバちゃんがやってきて、左後方のロックしてあるドアを無理矢理開けようとする。大阪のタクシー運転手は変な奴が急に乗ってきたらいけないので、ドアは必ずロックをしている。そのドアをオバちゃんは、力の限り引っ張っているのである。

「あの、あの、お客さん、すんまへん！　あそこにタクシー乗り場がありますんで、あっちから乗ってもらえまへんかぁ？」

と、すでに数時間も忍耐強く（？）客待ちしているタクシー乗り場の方を震えながら指さしたのだが、オバちゃんは見向きもしない。

「あかん！　あかん！　あそこの乗り場の運転手み～んな目がギラギラして、なぁんか獲物を狙ろてるよぉで、気持ち悪いねん。兄ちゃん、ぼ～っとしたアホ丸出しの顔しとるさかい、安心やぁ～。乗してえ～なぁ」

「はぁ～……しゃぁけど……（下痢が……もぉ～、そこまで……）」

あまりにもしつこいオバはんの懇願に、まぁ十分程度の近距離だろうと思って乗せたのだったが……。

「運ちゃん、そこの阪神高速の入口から乗って奈良へ行ってくれへん！」

「えぇっー、奈良でっかぁ？」

「あれれ……行きたいことあらへんのぉ、運ちゃん？　長距離やでぇ。ここからやったら一万円以上出るでぇ〜」

「すんまへん！　まだメーター入れてへんので、別のタクシーに乗り換えてもらえまへんかぁ？」

と言うとオバはんはウエちゃんの顔をしげしげと見てきょとんとしている！　それはそうである。大阪からの長距離の関脇、奈良を乗車拒否しているのだから。

「変な運ちゃんやなぁ。奈良やでぇ。なんか勘違いしてへんかぁ？」

「奈良は、よ〜知ってます。大仏っぁんの居てるところでんなぁ。しゃぁけどなぁ……」

「なんやのん。けったいな運ちゃんやなぁ！」

「いやねぇ、実は今朝のテレビの今日の運勢で、『カニ座の人は奈良へ行ってはいけません！』ゆぅて言うてましてん。ボク、蟹座ですねん。しゃぁからねぇ、今日は奈良は、ちょっと……方向が悪いんですわぁ」

「あほかぁ！　そんなことあるかいなぁ。けったいな人やなぁ。あんたおもろいなぁ。他の運転手みたいにガツガツせぇへんとこがえぇわぁ。絶対に奈良へ行ってやぁ〜。もぉ、遠山の金さんが来ても降りへんでぇ〜」

と、オバちゃんはなんか訳がわからんことを言うのであります。

「はぁ〜、なんでっかぁ？　それ」

「杉良太郎が大好っきゃねん。ウチ」

それにしても、こんなややこしい時にオバはんに気に入られたくない。確かに港区天保山から奈良までは一万円前後、阪神高速に乗ったら東へ一直線で生駒トンネルを抜け約四十分で奈良市内に着く。も〜、最高の仕事やねんけど。下痢さえなければ……。

奈良へ行く阪神高速道路には一カ所もパーキングエリアがない。もしもの時は一体どないすんねん！　しかし、えぇい、もうこうなったらイチかバチかである。

「そ〜んなに気に入られたら、行かなぁしゃぁないでんなぁ。行きまひょ！」

「行こぉ、行こぉ！　しゃぁけどほんまに、けったいな運ちゃんやなぁ〜」

とオバはんはウエちゃんの気持ちも知らず、いやいや体調も知らず大はしゃぎしている。

ところが案の定、阪神高速に乗って五キロほど走ったところで車は大渋滞、チョロチョロとしか動かず、ウエちゃんの思考回路は完全に下半身に集中してしまったのであります。

「運ちゃん、どないしたぁん？　さっきから腰動かして。ケツ痒いんかぁ？　なんなら掻《か》いたろかぁ？　ウチ、男のケツ大好きやねん！　なんなら前の方も……。ぎゃっはっはっ！」

「お客さん。すんまへん。も〜ちょっと静かにお願いできまへんかぁ〜？」

「なんでやのん？　このタクシー喋ったらあかんのん？　あぁ〜恐わぁ〜。今、禁煙タクシーゆうてあるけど、ほんならこれは沈黙タクシーかぁ？　おぉ〜恐わぁ〜。おっそろしぃよぉ〜」

　また、えらいオバはんが乗ってきたものである。類は友を呼ぶとはこのことやろか？　これやったらまだ、鉢植えの花を抱えた極道の方が、なんぼかましである。

「ちゃいまんねん。腹痛いんですわぁ。出そ〜なんですわぁ。もう、出口の近所まで……」

「えぇっっ〜！　なぁんでぇっ！」

「すんまへん、声、声が大きぃんですわぁ。出そ〜やから、静かに、静かに」

「うまい！　運ちゃん。声と肥えをかけて、もぉ〜。こんな非常時に、うまいなぁ〜」

「そんなん、かけてまへんわぁ。もうちょっと、静かに……」

　なんで大阪のオバはんは、こんな非常時にもしょ〜もないことが平気で言えるのやろか。

「運ちゃん、どないしょ？　そこの路肩でやるかぁ？　明日、雨や言うてるし。ええんちゃう」

「あきまへん、あきまへん。みんなに尻見られる。ん〜、恥ずかし〜い！」

「おぉっ〜！　財津一郎みたいやなぁ。この非常時に……。まだ余裕あるんちゃうのぉ？」

「あかん！　もぉ喋られへん。うぅぅぅう、ひぃぃぃぃっっ〜」

「よっしゃっ！　運ちゃん。次の法円坂のランプで降りたら馬場町や。馬場町角の『ＢＫ』へ行こ！『ＢＫ』やっ！」

「えぇっ〜、『ＢＫ』でっかぁ？　そりゃ、あかんわぁ。なんぼなんでも『ＢＫ』はあかんわぁ。『ＢＫ』だけは……アカン。うぅうっ〜」

「ＢＫ」とは、決して「ブサイクなオバはん組合」の略ではない。ましてや地名の「馬場町角」の略でもない。大阪人は、この施設のことを親しみを込めて、老若男女みんなが「ＢＫ」と呼ぶ。タクシーに乗っても「ＢＫまで！」と言うだけで通じるのである。

「ＢＫ」とは一体なんぞや？　本好きの人なら、すかさず「1《ワン》」と答えるであろう。しかし、そんなわけはない。何を隠そう、実はＪＯ－ＢＫの略である。東京のＮＨＫが日本で最初に出来た放送局であるからＪＯ－ＡＫ。ＮＨＫ大阪放送局は二番目であるからＪＯ－ＢＫなのである。ちなみに、ＣＫ、ＤＫ、ＥＫがどこにあるのかはまったく知らない。ただ、プロ野球の中継表で調べるとＦＫがＮＨＫ広島放送局であることだけは間違いない。

この話、全国の放送局の電波コードを知っている、ちょっとどこか何かが変な放送業界オタクの人たちに言わすと、おそらく「今さら何言うとんねん。あほちゃうかぁ。そんなん常識やんけぇ」ということになるのであろう。

よくテレビで、えぇ格好しぃのアホ馬鹿タレントが「今度の仕事はＣＸなんですぅ」などと、いかにも自分はうましか芸能人の見本ですと、言葉尻を上げて言っていることがある。これはＪＯ－ＣＸでフジテレビをさす。ＡＸとＢＸがどこかはやっぱり知らないが、フジテレビ系列局の大阪の関西テレビはJO－DX。ここでも、放送局の電波コードが東京の二番手になっている。

世が世なら灘波の宮があった大坂《おおざか》は、日本の首都になるはずであったのに……くやしぃ～！　だから、大阪人は東京が大嫌いなのである。名古屋人は豊臣も徳川も、尾張と三河の美人を根こそぎ大坂と江戸に連れていってしまったので、諦め切っている。この辺は、なかなかいさぎよい。

さて、この灘波の宮の遺跡の上に「それがどないしたんじゃぁい！　建ったもん勝ちやんけぇ。なんか文句あるんかぁ。下にはなぁんもあらへんでぇ。そんなん見たことないわぁ。な～んも！」と堂々と建っているのが「ＢＫ」。大阪物のドラマを作らせたら天下一品（ラーメン屋とちゃうでぇ！）のＮＨＫ大阪放送局なのであります。

大阪のコテコテのオバはんは、腹痛で腰がよじれているウエちゃんに、その「ＢＫ」で「一発気張ってこい」と言うのである。

あまりの厚かましさに、ひょっとすると後ろのオバはんは伊丹のＴ辺Ｓ子先生では？……と、後ろを振り返って顔を確認したぐらいである。しかし違った。Ｔ辺先生のような美人ではなかった。でも待てよ、もしＴ先生が化粧を落としたら……ということを、頭の中で一生懸命想像して、もう一度振り返って見たが、やっぱり違った！　口元が全然違う。歯ぐきが違う！　T辺先生すんまへん！

「しゃぁけど、やっぱりあかんのとちゃいますかぁ？『BK』は。公衆便所とちゃうねんからぁ」

「何言うてんのぉ、あんたぁ！　そやったらどないすんのよぉ、他にあらへんがなぁ。ここでせんといてやぁ、気色悪いさかいにぃ」

こんな所でやったら、ウエちゃん自身が気色悪いのである。タクシーは密室やし。

「運ちゃん！　ごっちゃごっちゃ言わんと、早う降りんかいなぁ法円坂で」

「はぁ〜、ボクもめっちゃっ降りたいねんけどねぇ、降り口も大渋滞でぇ。……あぁっ……アカン、アカン、アカ……アウッ……」

「運ちゃん、もうちょっとやからなぁ。辛抱せなあかんでぇ。『どてらい男《やつ》』でも、言うとったやんか！　男は我慢が肝心やぁ、辛抱せなぁアカン。ゆぅてなぁ」

「『どてらい男』ゆぅ〜て……花登筺さんの……角川書店から出てる……テレビで西郷輝彦さんがやった……山下猛三の……立売堀《いたちぼり》の……」

「運ちゃん？　あんた、腹痛いわりには案外冷静やなぁ」

「忘れとった！　うぅぅぅ〜。アカン」

大阪人の哀しい性《さが》なのだろうか？　どんな非常時でも必ずボケてしまう。オバはんもなんやかんやと言いながらでも突っ込んでくれる。

「しゃぁけど渋滞の先頭は一体何してんのやろなぁ。不思議やぁ。全然動かへんがなぁ。よしゃっ！『BK』へ電話しとったるわぁ。正面玄関の戸を開けとけぇ、言う〜て」

「電話ゆうたかて、お客さん。番号は……？」

「それが知っとんねん！　運ちゃん。びっくりやろぉ。がっはっはっ！」

「なんでぇ〜？」

「時々なぁ、『BK』へ公開録画見に行くねん。運ちゃんも知ってるやろぉ。ほら、土曜の昼にやってる、揉《も》め事まかせて下さいゆぅ、エラの張った落語家のおっさんがやってる。ほら……あの……えぇとぉ……」

「はぁはぁ、ありまんなぁ。生活なんとかゆぅ番組でんなぁ」

「それそれ。それをよぉ〜見に行くねん。オモロイでぇ〜。タダやからなぁ。帰りになぁ、NHKの食堂でけつねうどん食べて帰るねん！　二百円やでぇ。安いでぇ。NHKだけちゃうでぇ。毎日放送、朝日放送、関テレ、読売テレビ、ラジオ大阪、市内の放送局全部、携帯に登録してんねん。えぇやろぉ、どこでも番組見学行けるでぇ」

「すんまへん、テレビ大阪はぁ？」

「あっ！　登録してへんわぁ。運ちゃん、非常時にえらい冷静やなぁ」

大阪のオバはんは「タダ」とか「安い」という字を見ると、異常に武者震いするそうである。だから、タダのラーメンやカレーをホイホイと貰いに行って、何十万円もする鍋や羽毛布団を買わされるのは、ほとんどが大阪のオバはんだそうである。

この話は、全国的に催眠商法を手広くやっていて、「騙しのことならワシに何でもまかしとかんかぁ〜ぃ。十円のもんでも、一万円で売ったるわぁい。ほんまやでぇ、運ちゃん。かっかっかっ」と大笑いする、その筋の社長さんがウエちゃんのタクシーに乗ってきた時こっそり教えてくれた話であるから、間違いないのである。

オバはんは、なんやかんやと講釈をタレながら「BK」に電話を始めた。

「あっ！　BKさん。あんなぁ、これからタクシーが一台、正面玄関に付けるから便所貸してぇなぁ。えぇっ？　便所やがなぁ、便所！　わからんやっちゃなぁ。トイレットやがなぁ。何ぃ？『うちはNHKです』やてぇ。そんなこと、知っとるがなぁ。なんぼNHKかて便所はあるやろぉ。もう漏れそぉやねん、お願い！　そうそう。今ぁ〜？　今なぁ阪神高速の法円坂の出口やぁ。目の前やけど渋滞しとんねん。そうそう。おおきに、ありがとねぇ。すぐ行くからなぁ。あっっ、ちょっと待ってやぁ！　言うとくけどなぁ、私とちゃうでぇ、天地神明に誓こうてぇ。運ちゃんやねん、タクシーの。そうそう。運ちゃんが、ウンちゃんやねんてぇ。おぉっ！　このギャグ決まりやなぁ。また、テレビで使こ〜てぇ。ぎゃっはっはっ！」

とありがたいが、しかし、ど厚かましいオバはんである。

ここで全国のみなさんに、大阪のオバはんの名誉のために言っておきますが、このオバはんだけが例外的に厚かましいと思うと大間違いです！　ほとんど全員の大阪のオバはんがこんな状態です。大阪へ遊びに来る際には、オバはんに充分気をつけるように注意勧告いたします。


しかし、なんやかんやと大騒ぎをしても一向に車は動かない。あと三百メートルぐらい先の出口を出た左側が「ＢＫ」なのだが……。

「よっしゃっ！　運ちゃん、ちょっと待っときやぁ」

「えぇっ〜、お客さ〜ん！　どこへ行きますのん？　まだ高速道路でっせ！」

オバはんは突然、ドアのロックを自分ではずして高速道路の出口を目指し歩き始めた。

「ちょっとぉ、前の車どきぃやぁ！　左寄ってぇ、左へ……何してんのん、はよぉどきんかいなぁ。どんくさいなぁ、もぉ〜！」と言うと、

「こらぁっ、オバはん！　われぇ何言うとんねん。急いどんはみんな一緒やぁ、オバはん。オバはんだけ急いどるんちゃうどぉ、こらぁっオバはん」

とすぐ前にいたライトバンの運転手が大声でウエちゃんの客に怒鳴り返している。もしこんなセリフを他の地方の人が聞いたら、もうこれはヤクザ関係者か何かに違いない！「関わるのやめとこ！」と思ってしまうくらいの乱暴さだが、大阪ではごく普通に交わされる受け答えである。現に、前の車に乗っているのはピシっと七三分けにしたごくごく地味なスーツにネクタイの外回り営業風サラリーマンである。

大阪人は喧嘩する時も必ずボケとツッコミがいて話を落とさなければ、負けとなる。これは、ナニワの喧嘩道の暗黙の了解事項である。「大阪」「喧嘩」と言えば、一番に浮かんでくる人物は岸和田在住のごんたくれ作家のあの人である。『野山課長の空白』（中場利一）を読んでいると、大阪人独特の喧嘩の作法が見えてくる。

だから、読者のみなさんには、むしろこれは愛情ある伝統的ボケ・ツッコミ会話の好例と思っていただきたい。となれば、オバはんとしても、もう一言返すのが礼儀である。

「オバはん、オバはん、ゆぅ〜て誰に言うとんじゃぁ。あんたぁ、ひょっとしたらオバはん教の教祖かぁ？　この麗しいお嬢様をつかまえて……なぁ〜、運ちゃん。そぉ〜やろぉ〜」

とこちらに振ってきた。大声で否定したいのは山々ではあるんやけど、一応客ではあるし、今はウエちゃんのために奮闘してくれているわけだから、そうそうツッコめないのが弱い立場やねぇ。まあ、小声で言うくらいである。

「いや、ど〜見てもオバはんやぁ（ブツブツ……）」

「えぇ〜？　なんか言う〜たぁ、運ちゃん」

「いやいや、ほんまでんなぁ。お嬢さん」

とウエちゃんが心にもないセリフを吐くと、ナニワのど根性の据わったオバはんは「あたりまえやぁ」という顔をして、それでも機嫌が良くなったのか、前にいる数台の車のあたりへ行き、元気いっぱい「ハイ、前の車左へ寄れぇ！」と交通整理を始めた。ありがたいことではあるが、なんとなく迷惑なような気もする。しかし、この渋滞の中、そうそうオバはんの言うことを素直に聞くドライバーもいない。

業を煮やしたオバはんは、「前の車ぁっ！　緊急事態やぁ！」と言ったかと思うと、突然、片手に持っていた汚いズダ袋の中から笛を取り出して思いっ切り吹いた。

「えぇ〜っ!?　お客さん、なんで笛なんか持ってますのん？」

「一人で歩いとる時になぁ、痴漢に襲われたらこの笛を吹くねん」

「えっ？　誰が襲われますのん？」

「私やがなぁ」

「えぇっ……？？？」

「なんやのん、その不思議そ〜な顔は……めっちゃ感じ悪いなぁ〜。こないだかてなぁ、真っ暗な路地で後ろから襲われかけてんでぇ。ほんまやでぇ。『あれぇ〜！』言うて痴漢の方を見たら、痴漢がびっくりして逃げていきよってん。なぁんか感じ悪いやろぉ。ほんでなぁ『助けてぇーっ』言うて交番行ったら、警察の兄ちゃんが『こっちが助けてほしいわぁ』ゆうて言いよんねん。これ、社会問題やでぇ、ほんまに」

「なかなか賢明なミスター痴漢君と、ポリ公やなぁ」

と言うと、オバはんの鼻がピクピクと動き口が横にひん曲がった。

「運ちゃん、今なんか言うたかいなぁ？」

「いやいや、何でもおまへん。しゃぁけどお客さん、そんな笛でどいてくれまへんでぇ。きょうび」

「どかすでぇ。こうなったらナニワ女の意地やぁ！」

「(ピィッーーーー！）前の車ぁっ！　はよぉどかんかぁ〜い。タクシーの運ちゃん、便所やでぇ〜。どけへんかったら、横でやらすでぇ〜！　ええんかぁっ〜！」

なんと、オバはんのこの一言で、渋滞していた車は潮が引くように、サァーッと左に寄っていった。信じられへん。しかし、何でも言うてみるもんである。

「どや！　運ちゃん、すごいやろぉ。さぁ、行こう」

「おおきに。しゃぁけど格好悪ぅ」

「お〜い、運ちゃんガンバレよぉ！　紙、持っとるかぁ〜？　もうちょっとやでぇ〜」

と左に寄った車から、みんなが応援してくれるのである。大阪は人情があるなぁ。ええなぁ。いやいや、こんなん人情かぁ？　オモロがっとるだけちゃうかぁ？……等と、神経を他所《よ》へ持っていこうと無理矢理、色々なことを考えるのである。

なんやかんやと長い時間かけて、やっと放送局の正面玄関である。この「BK」は通常であれば裏口が車寄せとなっているが、一分一秒を争う今はそんなことを言っている場合ではない。切羽詰まっているのである。

「運ちゃん、やっと着いたなぁ。よかったなぁ。私も嬉しいわぁ。うぅぅぅぅ……」

「泣かんでもよろしいやん。ボクのことやねんから。しゃぁけどねぇ、現金いっぱいあんねんけど……どないしょ。危ないしなぁ」

「心配せんでもえぇでぇ。私、見とってあげるさかいに。しゃぁけど、メーターは『支払』にして停めとってやぁ。心配いらん。心配いらん。私がおるさかいに……」

(何を言うてんねん、オバはんが一番心配やぁ！　ブツブツブツ……)

「えっ、今、なんか言うたぁ？」

「いや、何でもありませんわぁ。ほな、ちょっと行ってきますんで、頼んます！」

「はいよ！　はよぉ〜お帰りぃ！」

よく勘違いされる大阪弁に、この「はよぉ〜お帰り！」というのがある。これは、「早く帰ってらっしゃい！」ではなく、「いってらっしゃい！」という意味なのであります。なかなか洒落た言い回しである。

これに反して京都では「ぶぶ漬けでも、どぉどすかぁ？」と聞かれることがある。この質問に「はい、いただきます」と答えてはいけない。これを大阪弁に通訳すると「われぇ〜、いつまでおるんじゃ！　早いこと、家に去《い》にくさらんかぁい。邪魔やぁ！」という意味になってしまうのである。さすが歴史の都、京都である。言葉一つ一つが陰険だ。だから大阪人は東京人の次に京都人が大嫌いである。

緊急事態のウエちゃんは、とうとう放送局の中に入っていった。ズボンの上から指で栓をしたウエちゃんの前には、放送局の受付の美女がにこやかに迎えてくれる。

「いらっしゃいませ！　お手洗いでございますね？」

（うっわぁ〜！　カッコ悪ぅ〜。ほんまに連絡行ってるわぁ）

「あっ、すんまへん。オシッコしたいんですけど……はっはっはっ」

と白々しい大嘘をつく。受付の美女は、笑いながらも目が「嘘つけぇ〜！　ウンコやろぉ」と言っている。

「あちら奥でございます」

「あっ、おおきに。ボク、オシッコやからねぇ。オシッコ。ほんまにオシッコ」

と言いながらも、指でお尻のところに栓をして小走りになる自分が、とても恥ずかしい。

「ふぅー。はぁ、すっきりした。これで当分大丈夫やぁ。助かったぁ」

とロビーに出たところでまた、受付の美女が目に笑みを浮かべてこっちを見ている。

「どぉもぉ～、おおきに。助かったわぁ。オシッコいっぱい溜まっとったさかいに、時間がかかるわぁ。わっはっはっ！」

などと、しょぉもない言い訳をするのである。

「ありがとうございます。また、ぜひ、お越し下さい」

と満面の笑顔で言われたが、こんなことで二度と来たくない。

表に出てウエちゃんのタクシーの方を見ると、オバはんが……えぇっ、乗ってへん！　なんでやぁ？

「うわぁっ、やられたぁ！　えらいこっちゃ、タクシー代金と売上金、それに財布も置いていったんやぁ！　釣り銭も……うっわぁっ～！」

車に近づいてあたりをよぉ～く見回しても、やっぱりおらへん。

「あっちゃぁ、やっぱりやられたぁ！　あのオバはん乗ってきた時から怪しい顔やったんやぁ。あんまりにも親切すぎたわなぁ。こりゃあ、えらいこっちゃあ。嫁はんにどない言おう……」

嫁はんの鬼瓦のような顔を思いつつタクシーの中を覗いたら、釣り銭も財布の入ったセカンドバッグも、売上を入れる札入れもそのままである。

運転席のシートの上には走り書きがある。

〈運ちゃん、なかなか出てけぇへんから、別のタクシーで奈良まで行くわぁ。ごめんなぁ。メーター代金三千三百八十円と高速代の七百円、五千円札で置いていくでぇ。お釣りは、けつねうどんでも食べてちょーだい。さっき街で貰ろうたポケットティッシュも十個置いとくから、気が済むまで便所へ行ってやぁ！〉

なんと心こもる置き手紙であろう。人は見かけによらないものである。いやいや、ウエちゃんは、あのオバはんが乗ってきた時から「この人は美人でえぇ人やなぁ！」と心の底から思っていたのである。ホンマやでぇ！

……とかなんとか感傷に浸っている間もなく、またまた、須磨ひよどり越えの一ノ谷の合戦のように、突然襲ってきたのである、源九郎義経が。急降下で（ううぅぅぅ……）。しゃぁないから、今しがた出てきた放送局に小走りで逆戻り。すると、ウエちゃんの顔を

見た美人の受付嬢は、

「あっー、いらっしゃいませ！　お早いお戻りですねぇ。あちらでございます」

と、またまた笑顔で迎え入れてくれる。あぁー、なんと優しい、親切な放送局であろうか。来月からは調査集金の目つきの悪い兄ちゃんが来ても放送受信料は真面目に払おう。と、心に誓った。

今日は大阪人の情の深さと、下痢気味の時は高速道路に乗ってはいけないということを、つくづくと感じたタクシー運転手のウエちゃんなのであります。

世紀末の大記録

あっちゃ〜！

二十世紀のタクシー業界の歴史に残る大記録を出してしもたぁ！

大記録を出した翌日、会社に出社するとあまりの大記録のため、車庫にいた同僚と上司たちは、拍手でウエちゃんを温かく迎えてくれた。我が社は、創業七十数年という大阪一古い老舗のタクシー会社である。なにしろ円タク（どこまで乗っても一円タクシー）の時代からT型フォードで走っていたという。他にな〜んも自慢するものがないから、これだけが自慢の会社とも言える。いや、ほんまに。その、創業七十数年という会社の社史に入れてもおかしくないという大記録である。

営業部長は「ウエちゃんの記録は、社長賞もんやでぇ。ごっついことをやってくれたなぁ。ワシも鼻高々やでぇ、ほんまにぃ。涙が出るくらい嬉しいわぁ」と誉めてくれる。記録を出した当の本人も「今まで生きてきた人生の中で一番幸せです！」というコメントを残したのである。わっはっはっ！　ワイのことやけど……。えらい、すんまへん。

おそらく、ウエちゃんのタクシー人生の中で、いやいや大阪のタクシー業界の中でも今後絶対に出ぇへんやろうという大記録やねぇ。しゃぁから、今までは〈某月某日〉と書いとったのを、今回は世紀末の記念として残すために、あえて日付を入れることにした。ついでに一日の様子を書き込んでいこうと思う。


西暦二〇〇〇年十一月二十三日（木曜日・祝日）

二十一世紀まで、とうとうあと……三十九日である。今日は勤労感謝の祝日。しゃぁけどタクシー運転手にとっては、そんなもんぜ〜んぜん関係あらへん日である。今日も明日も明後日も仕事なんやね。タクシー運転手になって勤労感謝されたことなんか、一回もあらへん。

タクシー運転手は、隔日勤務（長時間）と毎日勤務（短時間）の二種類がある。ウエちゃんは毎日勤務。通常は昼頃から翌日の深夜までである。

休みの日は市内の客をあてにできないので、本日は自ら気を利かして午前十時という早めの出勤にした。しかしこれが後々、あの大記録の伏線になろぉとは思ってもみなかったのである。

十時前に会社に着いたウエちゃんは、会社の食堂でモーニングサービスの朝食を取る。コーヒー。厚焼きトースト。煮抜き（ゆで卵）。バナナ一本。……で、二百円である。名古屋人もびっくりの、信じられへん値段やねぇ。

タクシー総合基地の中の食堂二カ所、喫茶一カ所は、運転手のために格安で年中無休のほぼ二十四時間営業をしている。だから近所の工場の従業員や、南港へ寄港した外国の大型タンカーの浅黒い顔をした東南アジア系の船員までもが、

「ウドン、ドコ？」「ココノ、カレー、カライ！」

などと言いながら食べに来る。

ウエちゃんの会社は、大阪南港（南港が好きやねぇ！）の埋立地の中にあるタクシー総合基地にある。この中には、六つのタクシー会社、約一千車両のタクシーが入っている。基地職員、運転手の数を合計すると約二千人。日本国内でも珍しい超マンモス・タクシー基地ではあるが、まあそれだけと言えばそれだけのこと。そんなんあんまりエバるほどのことと違うとウエちゃんは思うけど、これといって他にないので、何かと言うと自慢のタネになっている。

朝、近くの大阪市交通局のごっつ古いのになぜか名前がニュートラムの駅から、ゾロゾロとタクシー運転手が出勤してくる姿は、みんながみんな好き勝手な服装をしているので実に

異様である。

ジャージ姿で来る奴。作務衣で来る奴。浴衣で来る奴。ジョギング姿で来る奴。銀行員のようなスーツで決めてアタッシェケースを提げて来る奴。自宅から自転車でツール・ド・フランスのよぉな派手なユニフォームで来る奴。駅から縄跳びをしながら来る奴。しかしまだ、ここまでは普通である。

一年中お通夜帰りのよぉな喪服で来る奴。落研のよぉな紋付袴で来る奴。インド系の人が着る服（シーツかも？）を体に巻いて、ターバン（バスタオルかも？）を頭に巻いて、おでこの真ん中にポッチン（エレキバンかも？）を付けて来る奴。一番わからんのは、燕尾服で来る奴（なんでやろぉ？）である。さすがにまだ、全裸で来る奴を見たことはない。しかし、いつかは誰かが必ずやるよぉな気がする。ほんとぉ〜に、タクシー運転手は個性がキツイ！変わりもんばかり。昔、この出勤風景があまりにも面白いので全国の人に見てもらおうと朝の情報テレビ番組からの撮影の申し出があったが、あまりにも恥ずかしいので断ったらしい。まぁ、賢明な判断やねぇ。

こんな個性の強い変わりもんばかり二千人が蠢《うごめ》くタクシー総合基地の中は、もうそれだけで一つの街である。

深夜零時から翌日の十二時までは約八百床の仮眠室がエアコン完備でオープンする。十メートル×二十メートルもあるプールのような大浴場は二十時間入浴可能で、昼間は運転手の疲れを癒すために鍼灸院までもが開業する。地方の町や村から出稼ぎに来た運転手は、自分の村より大きいのでびっくりしている。これが、ウエちゃんが勤務するマンモス・タクシー基地の概要である。

ウエちゃんも、お腹いっぱいに格安のモーニングサービスを食べて、さぁ、いざ出庫！となる。

今日の目的地はいつもの大阪港区にある海遊館。祝日なのでちょっとぐらい客待ち待機は長くなるだろうが、逆に遠くの自宅へ帰る長距離客が期待できる。この期待が、歴史的な大記録への道となることは、この時は勿論わかるはずがない。

途中、いつもの傾きかけた古本屋へ立ち寄る。

客待ちで長時間待たなければいけないので、時間潰しの古本の購入である。一冊百円均一のワゴンの中から、積んである文庫本を無作為に上から四冊買う。一括大量購入（?）のため、四冊で三百二十円にまけてもらう。古本屋のオバはんも日銭に飢えている。タクシー運転手と一緒である。

本日購入の文庫本は『暗黒の狩人』（勝目梓）、『特捜弁護士』（姉小路祐）、『首位戦争』（清水一行）、『社長失墜』（広瀬仁紀）。いつもなら大体一日一冊やけど、今日は一体何冊読めるやら。

午前十一時

海遊館到着。タクシーの順番待ちは十一台目である。ここでは日曜・祝祭日は十分に一台のペースでお客さんが乗ってくるので、目測約二時間待ちである。平日なら二十分に一台の乗車ペースとなって、待ち時間は三時間程度である。

しかし、ほとんどが三千円以上の客なので、長時間待っても元は取れる。

時間があるので、前に駐めている顔見知りの運転手にウエちゃんのタクシーの店番を頼み、近所のファミリーマートへ行き、昼食とおやつと夜食用の鮭おにぎり一個と菓子パン四個と缶紅茶一本を買う。

ファミマのインターネット無料接続用のディスクを、店員が精算した客一人一人に渡していたが、ウエちゃんだけにはくれなかった（めっちゃっ！　欲しかったのにぃ）。タクシー運転手はその風貌からすぐわかってしまうので、こういう時はいつもハミゴ（のけもの）にされる。因果な商売であることをいつも痛感する。まぁ、それもこれも運転手たちの普段の態度や、一部の「ヤカラ」タクシー会社の態度や言動に問題があることがわかっているので全然気にしない。

午後一時過ぎ

約二時間待って、やっと先頭になる。この間に『暗黒の狩人』を読破。二冊目の『特捜弁護士』を読み始める。

午後一時四十分

やっと、お客さんが乗り込む。先頭になって四十分経過。行き先はJR弁天町駅。片道十分の近距離である。二時間四十分待って料金は千三百八十円。

午後二時

再び海遊館へ戻る。大阪市内が暇なので、客を探すタクシーがハイエナのよぉに海遊館に流れ込んでいる。先頭から数えてなんと二十七台目である。しかし、一回目が近距離だったので二回目は長距離が期待できる。一回目が悪いと二回目はびっくりするよぉな長距離が当たることが多いからだ。先日も有馬温泉（一万五千円）が当たった。我慢して並ぼう。

全然、前が動きそうにないので本を読みながらウトウトしていたら、いつの間にか熟睡する。はっ！……と気がついて時計を見たら午後三時である。一時間寝てしまっていた。慌てて前を見たらまだ一台も動いていなかった。一体、どないなっとんねん。信じられへん。

やっぱり、不況に加え給料日前の祝日。極端に客が少ない。その上、タクシー運転手の乗客に対する普段からの横暴な態度も間違いなく響いている。

午後五時

結局三時間待って、孫を連れた老夫婦が、

「もう、これ以上歩かれへん。運転手さん、乗せてぇ」

と乗ってきた。

文庫本は二冊目を読破。三冊目の『首位戦争』も読破。四冊目の『社長失墜』を読みかけたところである。今日は体調も良く読書ペースが異常に速い！ ほんまに速い。この後に起きる、すごい何かを暗示しているようである。

「お客さん、どこまで、行きまひょう？」

「運ちゃん、めっちゃっ、長距離で悪いねんけどなぁ、八幡屋《やわたや》まで行ってくれへんかぁ？金はなんぼでもあるでぇ。わっはっはっ」

「えぇっーーー！　八幡屋ぁっ！　ヤワタヤぁ……」

とうとう、世紀の大記録の序曲が始まった。えらいことになってきた。どないしょ。心臓がパクパク言うのがわかる。頭に血が上り、血圧が上がってくるのがわかる。おそらく、下110の上160くらいにはなっているはずである。どないしょ！　気絶しそぉやぁ！

「お客さーん、八幡屋でっか？」

「そぉや、運ちゃん。八幡屋やぁ。すまんのぉ、長距離で……。わしゃぁ、金持ちのお坊ちゃんじゃぁ。すまんのぉ」

とこの客、さすがに金のブレザーと赤いハンカチを咥《くわ》えてはいなかった（この話で大笑いする人、かなりの関西通！）。

「お客さん、や・わ・た、とちゃいまんなぁ？　京都の……」

「なんでやぁ、運ちゃん？　八幡屋やぁ。あかんかぁ？」

「いやいや。………はい、着きました！　八幡屋。六百六十円。ううぅぅぅ」

「何、泣いとんねん。そんなに嬉しいかぁ？」

「おおきに、お客さん。嬉し泣きですわぁ。ううぅぅぅ」

そぉなんです。八幡屋は海遊館から車で二分。往復五分。距離にして約七百メートルの所にあるのです。三時間待って六百六十円。しびれるぅ〜。もう一回、海遊館へ帰ろぉっ！

午後五時五分

三度、海遊館へ戻る。ほんまに、懲りないタクシー運転手やね。

「あれぇウエちゃん、どないしたん。えらい早いお帰りやね……。角のうどん屋まででっか？　がっはっはっ！」

と、さいぜんから客待ちをしていた顔見知りの運転手が大笑いをする。

今度は客待ちが七台目である。市内から観光客という獲物を狙ってたまにしか来ないハイエナのよぉな運転手が、長時間待ちにしびれをきらして、どんどん逃げていったのである。

根性があらへん（どん！）。こぉゆぅ根性なしの運転手は、永平寺か比叡山か高野山で一回修行をささなあかんねぇ。

しかし、ここ海遊館はなぜか夕方から極端に客が減る所である。午後五時を過ぎると決まって一台動くのに三十分はかかる。……ということは、今回は目測で三時間強の待ちである。ただし、一回目二回目が近距離の時は、次にものすごぉい、失神するような、信じられない長距離が当たる。当たるったら当たる！　これから夜遅くなると、疲れ果てた観光客がフラフラになってやって来るので、遠距離客は充分に望める!?

半年ほど前にも、滋賀県は大津の向こう琵琶湖西岸の町、堅田（二万二千円）が当たった。こんなのが当たると、一回の仕事で一日の売上が、お釣りが来るほどカバーできる。こんなことがあるから、タクシー運転手は癖になってやめられへんのである。この海遊館のタクシー乗り場は、夜になって、名古屋（六万円）、岡山（七万円）、広島（十二万円）、東京（十七万円）へ行った運転手も大勢いる場所なのである。

中には大阪駅から電車で福井まで帰るお客さんを、大阪駅まで送る途中に、

「お客さん、電車で大阪から福井まで四人やったら、タクシーもそんなぁ変わりまへんでぇ」

と満面の似非《えせ》笑顔で大嘘を言い、関西人の得意技の喋りで客を騙し込み、そのまま阪神高速から名神高速、北陸自動車道に乗って福井まで行ったという、馬鹿タレ運転手もいる。お客さんは家に着いてから騙されたことにやっと気がつき、フトンを頭から被って泣いたであろう。かわいそぉに……。

大阪のタクシー運転手は、他所の運転手よりよく喋る。そして、間違いなくオモロイ。ただ、異常に喋る運転手は要注意である。喋って、自分の大嘘や遠回りなどを包み隠そうとするのである。ただ、この馬鹿タレ運転手に関しては、海遊館常駐の運転手を代表してウエちゃんが、二度と大阪地区でタクシー運転手ができないように対処したので、もう安心

である。

それはまぁともかく、今日あたりは福岡や新潟、長野、高知県は足摺岬《あしずりみさき》の土佐清水あたりへ行く客が出そぉな気がする。勝手に気がしてるだけなんやけど……。土佐清水には海遊館の飼育センターと研究所があるので、職員の方の急用という場合も考えられる。

しかし、今日のこの時間は、なかなかタクシーが動かない。まったくお客さんがいないのである。一台出ていくのに、小一時間はかかっている。四冊目の『社長失墜』も、とっくに読み終えてしまった。周りに読む活字がない。仕方がないので、前に見える大阪水上消防署の屋上にある電光掲示板の右から左へ動く「火の用心」と「密輸・密入国取締り中！」の字を何回も読み返している。目が回る。あの電光掲示板で、著作権の切れた短編小説は流されへんやろかぁ？

いつもやったら、午後六時前後に夕食を取るために家へ帰って休憩をすんねんけど、今日は帰られへん。しゃぁないので、このまま続けて仕事をすることにする。

午後十時過ぎ

待った！　もう五時間も待った！　タクシーはウエちゃんの一台だけになった。海遊館の営業も飲食店街の営業も終わり、大観覧車のイルミネーションも消えてしもた。客らしき人は誰もいてへん。どないしょ。五時間ゆぅたら〈のぞみ〉に乗って東京まで往復できる。飛行機に乗ったら、グァムかサイパンに到着してプールで泳いでいる。ソウルでビビンパクッパを食べているかもしれない。

顔見知りのいつもの野良公が、ウエちゃんのタクシーのタイヤに向かって片手（足？）を上げる。

「おぉい、乗るかぁ？　金あるかぁ？　どこでも行くでぇ。えぇ娘、紹介したろかぁ？　ごっつい別嬪《べっぴん》やでぇ。チンやけど……。どやぁ？」と聞くと、ニカァ～ッと助平笑いをして尻尾を振り「いらんワン。行くワン」と、二言いって走っていく。犬にまで舐《な》められた。

関西空港からの天保山行きの最終の、高速路線バスが入ってきた。海遊館タクシー乗り場の横には、関西空港からの高速路線バスが一時間に一本着く。この高速路線バス、客が乗っているのをほとんど見たことがあらへん。お客さんが乗っていると、あまりにも珍しいのでタクシー運転手がみんなで拍手で迎えているぐらいだ。客がいないからバスはいつも室内灯を消して入ってくる。しかし、なんでこのバスがこの路線を運行しているのかが不思議である。

到着したバスをよぉ～く見ると、なぁんと室内灯が点いている。珍しい！　ウエちゃんは、タクシーから外に出ていつものよぉに、パチパチと拍手で迎えた。

一人でアホちゃうかぁ？……と、自分自身で思う。さっきの野良公も向こうで首を傾げている。

バスの中から、窓ガラスにべったりと顔をつけたオバはんが、ウエちゃんに向かって力いっぱい手を振っていた。

おぉーっ！　やったぁー！　待てばカイロは暖かい（んっ？）……である。おそらく京都行きバスを乗り間違えたのか、ここまで来て神戸方面へ帰るのであろう。海遊館から神戸へは夜なら高速を通って、三十分一万円で行く。あの、オバはんの必死さから見て遠距離は決定的である！　やったぁーっ！　めっちゃっ、嬉しい！　おっはぁ～！　もう、最高でも長距離。最低でも長距離である。

季節はずれのアロハ姿のオバはんは、ガラガラガラとキャスターの付いた海外旅行用のケースを必死こいて押してきた。

「うわぁーっ、運ちゃん！　ありがとぉ。おってくれて助かったわぁ。ここから、どないしよぉかと思てたんやぁ。よかったぁ。助かるぅ」

「はいはい、お客さん、トランク開けまっせぇ！（ニコニコニコ……満面の笑み）」

「いやぁ、親切な運転手さんやわぁ。嬉しぃー」

「わたくし大阪一親切な運転手でございます。わっはっはっ。お客様、それでは中にどおぞぉ！」

「おおきに、運ちゃん」

客はウエちゃんのタクシーに座った。もぉ何があってもウエちゃんからは逃げられない(これで、長距離はビンゴやぁ。五時間待ってよかったぁ。ひっひっひっ)。

「お疲れでしょう。お客さん(超異常的愛想！)」

「疲れたわぁ。運ちゃん。ワイハへ行ってきてん」

「そぉ〜でっか。そりゃぁよろしぃなぁ。羨ましいなぁ〜(手揉み、モミモミ！)。それで、お客さん、どちらまで行かしてもらいまひょっ？」

「それが長距離で悪いねんけどなぁ、運ちゃん」

「何をおっしゃいますかぁ。東京でも鹿児島でも行きまっせぇ」

「あぁ惜しい、運ちゃん。もぉちょっと近いねんけどなぁ」

「そぉ〜でっかぁ。どこでもよろしいでっせぇ。行きまっせぇ、お客さん！」

「ほんまぁ。ほなら、八幡屋ぁ！」

「ひぃーっ！(ガクッ！)」

これが、二十世紀最大記録達成の日のウエちゃん一日業務報告なのでありました。ちなみに売上合計は、十二時間働いて二千七百円ちょうど。歩合給は約半分（くれるやろかぁ？）。

この日、うちの小学四年生の娘がおばぁちゃんの所にちょっと遊びに行って「おばぁちゃん、だーいすき（にこぉ〜！）」と、ひと笑いしてもらった小遣いが弐千円札一枚。

これやからタクシー運転手はおもろぉてやめられまへん。ほんまやでぇ！

年の瀬デンジャラス・バイスタウン

年の瀬である。

夜になると少ないボーナスを片手に握りしめた、ホワイトカラーのサラリーマンやOL、ブルーカラーの中小企業の社長さんや工員さんが、忘年会帰りに大虎小虎に中には狼に変身して、街中が酔っ払いで溢れかえる師走である（……のはずである）。

今日は、ウエちゃんのタクシー運転手史上最悪の客が乗ってきた！　こんな客は初めてである。

警官・刑事、覆面パトも入り乱れての大捕り物。さてさて読んでのお楽しみ。テレビの警察24時もびっくり仰天。ヤラセなし。実録。ドキュメント。ノンフィクションやでぇ〜。新聞未掲載！　本邦初公開！　今回は、しょうもない落ちは絶対にありまへん。ほんまやでぇ〜(尚、本日のタクシー日記はウエちゃんに身辺の危険があり、今後の仕事にも影響がありますので、関係する個人名、団体名はすべて仮名にさせてもらいまっせぇ〜！　ほんまに、えらいすんまへん)。

……ということで、あの十一月二十三日に続いてウエちゃんの一日を朝から追ってみます。

本日は十二月十三日。事始め(琴始)やねぇ。花街のお姐ぇさん方や芸人さん、そしてウエちゃんのお得意さんである極道様の年の始めの元日である。朝から快晴。六甲、北摂津から北風が吹く冬寒むの一日である。

日付が変われば十二月十四日。実際は旧暦とはいえ、ウエちゃんが大好きな忠臣蔵討ち入りの日である。吉良《きら》・西浦・三谷《みや》の三州方面の方には、ほんまにすんまへん。今日一日我慢我慢!

午前十一時三十分

ウエちゃんは今日も身体中元気に起床。

今朝の就寝時刻は、お客さんとのタクシーの中での爆笑ネタを探すため、朝刊を読んでから、NHKと、衛星放送の日テレ「NNN24」、TBS「NEWS BIRD」で最新のニュースをチェックして午前五時三十分やったから、六時間の睡眠である。これに、昼間の客待ち時に一時間ほどと、一旦自宅に戻っての夕食後一時間三十分の仮眠が入るので、まぁ睡眠時間に関しては充分やね。

ちなみに我が家は、衛星放送の受信機材は一切あらへんし、ケーブルテレビも入ってまへん。

「ほんならなんで、衛星放送が見られるんや？」という疑問の声が出る。

実は、大阪にある地上波のテレビ局は、午前四時頃から五時半前後までは放送が休止になり、その時間帯にサービスとして衛星放送の二十四時間ニュースを流しているのである。おそらく関西エリアで、この時間にテレビを見ている視聴者は数千人であろう。ひょっとしたら、数百人かもしれない。その貴重な一人がウエちゃんなのであります。

砂糖三杯の甘い甘いミルクコーヒーを飲みながらパソコンのメールをチェック。着信ゼロ。なんでぇ？　寂しぃ〜。ウエちゃんはトイレに入って今日も絶好調！

午後零時

七年目に入って左後方のパワーウィンドが落ち、強力瞬間接着剤でガッチリ留めたオンボロ日産サニーでタクシー基地に向かう。大阪市内は昼休憩の時間。二十分で到着。

タクシー基地内にある二十四時間営業の食堂で、朝食のけつねうどん（二百円）を食べる。

午後一時　出庫

出庫前に喋りの陣内《じんのうち》営業部長と顔を合わせる。

「おっ！　ウエちゃん出庫でっかぁ？　今日の目標は三千円ぐらいかなぁ？　わっはっはっ！」

と言われる（失礼なっ！）。

あの、大阪のタクシー業界の歴史に燦然《さんぜん》と残る輝かしい売上を上げて以来、こんなことばっかり言われている。ウエちゃんは一躍、マンモス・タクシー基地の大スターになってしまった。

タクシー基地内で発行する機関紙も取材に来た。昔からワイドショー見ながら、一回はどぉ～しても言ってみたかった台詞がある。それを言うチャンスがとうとう巡ってきた。

「すんまへん、ウエちゃんに関する取材一切は、本の雑誌社経由でお願いいたします」

と言ったら、

「はぁ～？　一体なんのこっちゃぁ？　お前、熱あるんちゃうかぁ？」

まぁ、当然やろぉなぁ。「アサヒ芸能」「週刊大衆」「漫画ボン」は知っていても、「本の雑誌」は知る由もない。

車庫から出る直前、激務の隔日勤務を終え早朝に入庫して、仮眠室から股間をポリポリ掻きながら起きてきた三人の運転手が手を上げる。

「ウエちゃん予約入ってへんやろぉ？　悪いけど千日前まで乗せてくれへんかぁ」

「えぇっ〜！　タダでかぁ〜？」

「なんでやねん。金払うわいなぁ。お客様や、お客様！」

おぉぉー、嬉しぃ〜い。出庫零分で最初のお客様である。最近のタクシーは、出庫して三時間も四時間も最初のお客さんが付かないことがしょっちゅうやのに、ほんまに嬉しい。客はちょっと下品なタクシー運転手やけど……。贅沢を言うたらあかん。お客様である。

運転手たちは千日前で降りて、道頓堀へてっちりを食べに行くと言う。大阪は日本一のフグの消費地である。ほとんどは養殖であるが、てっちり一人前千九百八十円の格安で食べられる。てっさ（刺身）からてっちり、から揚げ、雑炊までのフグフルコースでも七千円あれば充分である。呑み代を入れても一万円でお釣りが来る。

東京方面（大阪に来ると、埼玉・千葉・群馬からの人も、なぜか東京から来たと言う。不思議やねぇ）から来た観光客は、大阪のてっちりの安さにはびっくりする。聞けば関東方面はベラボーに高いらしい。一人前でも五万円はするという話もよく聞く。信じられへん。

ウエちゃんと同年代くらいの人でも「フグは高いから生まれて二回ぐらいしか食べたことがないぜぇ！　大阪はびっくりだぜぇぃ！」と、しょぉもない自慢をする奴がいてる。どうも大阪のフグは、ほんまに異常に安いらしい。

車庫を出てから二十分で、陣内部長の言う本日の売上目標の三千円を簡単に超えた（参ったか！）。この前は、十二時間で二千七百円の売上やったのに。ひっひっひっ……。

午後一時三十分

ミナミは千日前に到着。料金は四千九百八十円。もぉ～最高の出足である。この快調な出足に、何か不吉な予感がする。まだ、この時点では、日付が変わり深夜にあの大事件が待っていようとは、考えてもいないことなのである。

午後二時

古本屋へ寄り、いつもの待機場所に到着。今日も観光客はほとんど来ていない。

本日の購入本。『スチュワーデス物語』『新人類スチュワーデス物語』（深田祐介）、二冊で百六十円。二冊ともオモロイ！

午後六時

今日もまたまた、四時間待ちである。

ガラガラガラと海外旅行用のスーツケースを引きずる音がする。嫌な予感やぁ！　こないだの八幡屋のオバはんと同じパターンである。横目でチラッと音のする方向を見ると、若いカップルが必死のパッチの顔をしてウエちゃんの方へ向かってくる。十分ほど前に関西空港からの高速バスが到着して出発していった。あぁ〜、どないしょ！　最悪のパターンやぁ。

「お客さん、ひょっとして八幡屋でっかぁ？」

「はぁ〜？」

「ちゃいまんのぉ？」

「運ちゃん！　わしらぁのぉ、広島から来たんじゃけどのぉ。大観覧車に乗っとったら、ぼつけぇゆっくり回るもんじゃけぇ、関西空港行きのバスに乗り遅れたんよぉ。もぉ、わやよぉ。集合が七時なんじゃぁ！　タクシーで間に合うかのぉ？　もぉ、ササラモサラじゃがねぇ〜」

（ひっひっひっひぃ〜！　もぉ〜、たまらん。しびれるぅ〜！　死ぬぅ〜！……って「ササラモサラ」て何？）

「お客さん！　まっかぁせなぁさぁ〜い。行きまひょ。七時までには着けまひょ！」

（ひっひっひっひぃ〜！　もぉ〜、笑い止まらん！）

関西空港までは約四十キロ。出発から到着まですべて阪神高速湾岸線やから三十分で着く。

予定通り指定時間の午後七時十分前に関西空港へ無事到着。

タクシー料金は一万二百九十円。四時間待って三十分の仕事。これやから、タクシー運転手はやめられへん！（がっはっはっ！　ひぃーっ！）

「運ちゃん！　これ帰りの高速代じゃけぇ。遠慮せぇんとぉ、持って帰りんさぁい。間におぉてよかったんじゃぁ。ほんじゃけど、運ちゃんの運転、ぼれぇきょぉてぇのぉ！　気ぃつけて帰りんさいやぁ！」

と客が帰りの高速代と言って二千円を渡してくれた。今日はなんかおかしい。どぉ〜も不吉な感じである。

折角、客が高速代と言ってくれたのだから、お言葉に甘えて旧国道二十六号線でのんびりと大阪へ帰る（もぉ大儲けやぁ！　わっはっはっ！　笑い止まらん）。

国道二十六号線は途中、岸和田、春木を通過する。不吉な予感！

もし、岸和田のごんたくれに捕まったらえらいことやから、メーターを回送にして天井のアンドンのライトを消して猛スピードで通過する。一人ガラの悪そぉ〜な大柄の男が手を上げたが、目を逸らして見えない振りをする。岸和田や春木は、南海電車の駅と駅の間でも平気で止めて車掌を殴って乗り込んでくる、素晴らしくオモロイ町である。

午後八時三十分

大正区にある自宅へ到着。晩御飯を食べて仮眠一時間。ちなみに今日の夕飯のおかずは、全体の九十%がキャベツのロールキャベツ。当分、胃薬を飲む必要はなさそうだ！
仮眠後、メールと夕刊とファクシミリのチェック。夜のお客さんとの会話のネタ探しに、インターネットで時事通信、共同通信と朝日新聞のニュース速報をチェック。爆笑ネタなし。今晩のネタはやっぱり、卓球の愛ちゃんで決まり！

午後十時三十分

自宅を出発。なにわ筋。あみだ池筋。本町通、千日前通、大正通を行ったり来たり。お客さんが一人もいてへん。年末やのになんでやねん！　酔っ払いはどこへ行ったんやぁ？
大阪は太閤さんの大坂の時代から、南北を「筋」、東西を「通り」と呼ぶ。筋と通りの交わる所は一カ所しかないから（御堂筋と土佐堀通の角）、待ち合わせや配車の時には実にわかりやすい。

午後十一時五十分

コースを変え気分を変えて、Z通りに入る。やっと前方に客が見えた。前へフラフラ、後ろへフラフラ、左へヨタヨタ、右へドスドス。どう見ても、ウエちゃんの大好きな酔っ払いやねぇ。ほぉ〜、珍しい！　頭にネクタイを巻いている。右手にはオジさん仕様のビジネスケース。左手には、お土産の鮨折。典型的な下町の酔っ払いやねぇ。歳の頃なら六十前後やろかぁ？　か細いサラリーマンタイプである。

楽しみぃ〜！　ワクワク！　ウキウキ！

しかし、この酔っ払いが日付の変わった赤穂浪士討ち入りの日に、警察を巻き込んでの大事件を起こそうとは………。

「まいどぉ！　おおきに」

とウエちゃんがニコニコ顔でお迎えすると、

「うぃ〜っ！　誰がまいどやねん、くそ運転手！　お・ま・え・は・ア・ホ・かぁ！」

と頭にネクタイをしっかり巻いた〈日本国酔っ払いマニュアル〉に出てきそうな客は、大阪独特のツッコミでカランできた。

「ははは、音楽ショーの横山ホットブラザースみたいでんなぁ。お客さん、どこまで行きまひょっ？」

「家やぁっ！」

「ほぉ、自宅まで……。よろしいでんなぁ。ほんで、ご自宅はどちらで？」

「うぃ〜っ！　なんでお前に家を教えなあかんねん！　黙ってまっすぐ走らんかぁい！」

ウエちゃんは大虎の客が乗ってくると必ず、客が寝入ってはいけないので自宅の町目と最後の番地まで聞くようにしている。しかし、相手は恐いもんなしの酔っ払いである。そう簡単には住所番地を教えてはくれない。

「そらぁ、よろしいですけど、しゃぁけどこのまま真っ直ぐ行ったら、大阪湾へ落ちまっせぇ。よろしいんでっかぁ？」

「落ちたらえぇやんけぇ。上等やぁ〜。そのまま上海まで行けぇ！　うぃ〜っ！」

「そぉ〜んな、無茶なぁ。未来の国から来たスーパージェッターの車とちゃうねんから……」

「んんん？　お前、何言うてんねん！　酔ぉてんのとちゃうかぁ？」

「酔ぉてはんのは、お客さんでんがなぁ。かなぁわんなぁ！」

これが、深夜まで彼方此方を走り回って、Z通りでやっと見つけた客である。よぉ考えたら、昼からこの客でまだ三組目やねぇ。今日の仕事は効率が良かったからえぇけど、そうでなかったらこの時間まで一体何をしとったんやってゆぅもんやねぇ。

しかし最後に当たったこの客、一言二言喋った瞬間「あっちゃぁ〜、こりゃアカンわぁ！」と思ったが、もう完全に七月二十六日である（七月二十五日が天神祭りなんやねぇ。

まぁ、後の祭りゆうこっちゃ！　わっはっはっ！）。

「うぃ〜っ、ヒック！　誰が酔ぉ〜てんねん。ワイは酔ぉてへんでぇ〜。早いこと、家へ行かんかぁ〜い！」

「せやからねぇ、お客さん。い・え・は・どこでっかぁ、言うてまんねん！」

「何で言わなあかんねん。お前、アホにもの聞くよぉ〜に言うな！　ボケェ」

と客が言うのと同時に、後頭部に激痛が走った！　突然、何かで殴られた。どうも携帯電話のようである。

「痛ぁっ！　こらーっ、オッサン何すんねん。なんで携帯で殴るんじゃぁ。暴行傷害やなぁ！　オッサン、タクシー強盗かぁ？　警察やぁ、警察！　警察へ行くでぇ」

「どこへでも行かんかぁい。言うとくけどなぁ、携帯ちゃうどぉ。そんなもんワイの携帯が勿体ないわぁぃ。ここの灰皿やぁ。文句あるんかぁ？　くそ運転手。小便運転手！　うぃ〜っ、ヒック！」

むむむむむぅ。くそも小便も当たってるわぁ。どこで見とったんやぁ。いやいや、そんなことを考えとる場合とちゃう。今、ウエちゃんは殴られたんやぁ。

その時ウエちゃん、一瞬（ひっひっひっ！　こりゃぁごっつい、えぇネタができたでぇ〜。もう一発！）と思ってしまったのは、タクシー運転手兼似非モノ書きの哀しい性なんやろかぁ。

　タクシーの天井のアンドンは、車内で強盗や暴漢に襲われた時に備え、周りの車に緊急事態を知らせる赤い非常灯が点滅するようになっていて、これを見た他の運転手は無線局を通じて警察へ連絡し、発見運転手は一刻も早く赤灯点灯車両の救助に向かう……というシステムになってはいる。

　しかし、ほとんど全員のタクシー運転手は事件に巻き込まれるのが嫌なのと、警察沙汰になると自分の普段からの悪行がばれるかもしれないので、見て見ぬ振りをする。

　今回、ウエちゃんも赤灯を点けて、酔っ払いのオッサンをフラフラにさせるために片側三車線の道路いっぱいに蛇行運転で、近くの交番へ急行したが、誰も助けてはくれない。何台ものタクシーを追い抜いたのに……。中には我が社のタクシーも三台ほどあった。あぁ〜情けない。

「おっさん！　じぃっとせぇへんかったら、もっと揺らすどぉ。こらぁ〜！」

「じゃっかぁしぃわぁ〜ぃ。インキン運転手！」

（えっ！　なんで知っとんねん……？）

　今度、酔っ払いは右足でウエちゃんの左肩から背中を蹴ってきた！

「何さらすんねん、おっさん！　いてまうどぉ〜！」

「黙らんかぁ〜い。くそ運転手。小便運転手。インキン運転手。鼻くそ運転手」

むむむむむ！　ウエちゃんはホンマのことを言われて、もぉ頭に来たぁ〜。おりゃぁ〜！

（ボゴォッ！）

この（ボゴォッ！）っちゅうのは何の音か、説明せんとあかんわねぇ！

ウエちゃんは近眼でちょっとだけ肥満である（ほんま、ほんま。ちょっとだけ！）。故にものごっついこと、肩こり症である。しゃぁからいつも、肩叩き用の樫《かし》の木でできた孫の手を携帯して、客待ちの時に本を読みながらトントンと首筋や肩を叩いている。そして、いつか大阪の街で乗せた極道丸出しの刑事が「運ちゃん！　ごっついえぇもん、もっとるやんけぇ。この孫の手は樫の木やさかいになぁ、警棒と一緒やぁでぇ。なんかあったら、これで思いっ切りどついたったらえぇねん。絶対に相手気絶すんでぇ。死にはせぇへんから、どつくにはちょうどえぇねん」と言った言葉をこの時思い出したということですわぁ。

つまり、ウエちゃんは蛇行運転しながら一瞬振り向くと、左手に孫の手を握りしめ、酔っ払いの顔をどついたのである。

ところが、訳わからんくらい酔っているせいか、あの刑事が言っていたのとは違い、客はますます元気になってきてしまった！　こらぁ、あかん！

「われぇ〜、何さらすんじゃぁ、水虫運転手！」

　しかし、この酔っ払い、色んなたとえが次から次に出てくるもんである。しゃぁけどなぜか全部が当たっている。もし今度「結石運転手！　歯抜け運転手！　口臭ぁ〜運転手！」と言われたら、もう完全試合のパーフェクトゲームである。

　赤灯を点けて、ハイビーム、パーキングランプを点滅しながら信号無視して左右に蛇行運転をするウエちゃんのタクシーを見て、覆面パトカーが飛んできた。ウエちゃんのタクシーに蛇行運転を合わせて、助手席の窓を開けて何か言っている。さすが覆面パト！　めっちゃっ、うまい運転である。

「おぉ〜い！　タクシー強盗かぁ？」

「似たよぉなもんやぁ〜！」

「運ちゃぁ〜ん！　後ろの客サイコロみたいにコロコロ転がってるでぇ。大丈〜夫かぁ〜？」

「さっき後ろの客に殴られたぁ〜！　蹴られたぁ〜！　絞められたぁ〜！　停まったら何するかわからへ〜ん！」

「よっしゃぁ〜！　応援を呼ぶさかいに、この先の安治川《あじかわ》交番へそのまま走れぇ〜！　先導したるぅ〜！」

　安治川交番まではあと一キロぐらいである。しかし、覆面パトは速い！　ウエちゃんの運転技術では到底ついていけない。ウエちゃんはこの一キロの距離を三十秒ほどで到着したが、すでに覆面パトの隊員は車から降りて警棒片手に待っていた。

交番の前の道路にタクシーを付けると、一体どこから現れたのか、刑事が乗った普通乗用車の警察車両が一台、通常のパトカー三台でウエちゃんのタクシーを取り囲んだ。

「こらぁ、オッサン！　われぇ〜タクシー運転手に何すんじゃぁい。おとなしゅう外へ出てこんかぁい！　ぼけぇ、こらぁ！　ど腐れぇ〜！　南港へ沈めたろかぁ、こらぁ〜！　絞めたろかぁ〜！　金玉抜くどぉ〜！」

一応、断っておきますが、これはウエちゃんが言った台詞ではありません。ウエちゃんはこんな、お下品な言葉は使いません！　刑事さんの発言なのです（ネタ用にウエちゃん、即メモメモ……）。しかも警察も極道と一緒で、南港が大好きなことがこれでわかったのです（即メモメモ……）。

酔っ払いは警察官によって車外に一度引っ張り出されたが、またまた、警官相手に殴るわ蹴るわの大暴れを始めた。歳のわりには力があるので警官もなかなか手が付けられない。下手に警棒で殴ったり、バカボンのおまわりさんのようにピストルを撃つと、「人権無視！　警察官いわれなき深夜の暴行！　拳銃発射！」と新聞に叩かれるからである。

もうこの時には、揉め事大好きの大阪の見物人が沢山来ている。警官も刑事もなおさら無茶な手出しができんよぉになった。警官四人と刑事一人で、必死に羽交い締めにして手錠をかける。一応、この時点での罪状は公務執行妨害の現行犯だそうである（ふぅ〜ん！　メモメモ）。

ウエちゃんの横で様子を見ていたもう一人の刑事が、

「運ちゃん！　殴られたんやてぇ？」

「そうですねん。灰皿でここを、足で肩を……」

「運ちゃん、後で病院行って診断書取っといてぇやぁ。暴行傷害か強盗傷害で起訴するさかいに。その前に悪いねんけどちょっと安治川署まで来てやぁ。調書作らなあかんねん。悪いなぁ。仕事の途中で」

午前一時

パトカーと覆面パトの猛スピードの先導で安治川署に到着する。気持ちいい。約二キロの道程を全部信号無視である。酔っ払いのおっさんは署内のロビーでまだ、宝塚歌劇団かSKDかOSKのように、足を振り上げて抵抗している。

「おぉい！　誰かなんとかせぇんかぁ〜い！」

年長者の警察官が声をかけると、そこはそれ、厳しい封建的縦社会の警察。若い警察官がおっさんの襟首をつかみ引きずり回す。ここには、ウエちゃん以外に部外者は一人もいない。これ以上はウエちゃんはなぁ〜んも見ていないし、なぁ〜んも聞いていない。……ことになっている。

何回か若い警察官がおっさんを（ピィ〜〜〜〈自主規制中〉〜〜〜）……しているうちに、勝手に上着の内ポケットから名刺入れと運転免許証が床に落ちた。……ことになっている。

名刺入れから飛び出した名刺を見てもう一人の若い警察官が叫ぶ！

「山村倉庫株式会社専務取締役、淀川雄三ぉぉっ〜？」

「えぇ〜っ！」

そこにいた警察関係者、十数人が全員驚きの声をあげ後ろに一歩退《ひ》いた！

「おい、免許証の名前を確認せぇ！」

「はいっ、まったく同じ名前であります、部長！」

「あっちゃぁ〜！　運ちゃん、えらいのん乗せたなぁ、もぉ頼むでぇ」

そんなん言われたかて、向こうが勝手に乗ってきたんやから、しゃぁない。なんでウエちゃんが悪いねん。しゃぁけど、ほんまにえらいのん乗せてしもたぁ。……のである。

山村倉庫と言えば、倉庫業のほかに運送会社やレジャー会社を営み、交通安全協会、防犯協会の役員をはじめ各種団体の役員を務める、この地域きっての名士の会社である。地域への寄付も多い。おそらく、所轄警察も色んなものを相伴《しょうばん》しているであろう。

この一件が表沙汰になれば大変である。いくらウエちゃんでも、そのくらいはわかる。ああ、また、やってしもたぁ！

安治川署のロビーの隅のまたその奥の方から声がする。

「運ちゃん、運ちゃん。運転手さぁ～ん。ねぇ、ちょっと、ちょっと」

とさっき部長と呼ばれていた警察官である。お前は宗右衛門町のキャッチセールスかぁ？

「これなぁ、ワイの名刺やねん！　ちょこっと裏書きしとくさかいに、なんかあった時に印《いん》籠《ろう》代わりに。……とゆうことで、なんとかならんやろかなぁ？　頼むわぁ！」

と耳の潰れたいかつい オッサンの顔が、猫撫で声で迫ってくる。

「しゃぁけどこんなんで、印籠になりまんのん？　名刺でっせぇ」

そんなアホな、と貰った名刺を机の上へ放り投げると、

「なぁ～に言うてんねん！　これ一枚でなぁ、助さんと格さんがついてんねんでぇ」

などと言うではあぁ～りませんかぁ！

「槍の名手の俵星玄蕃《たわらぼしげんば》も付けてもらわれへんやろかぁなぁ？」

ウエちゃんは三波春夫さんが歌う忠臣蔵の「俵星玄蕃」が大好きなのです。

「付ける！　もう何でも付ける。しゃぁから今日のところは……、な、運ちゃん、オ・ネ・ガ・イ！　うふふふっ」

おぉ！　昔、トリスバーというのがあったが、オカマのポリスバーに来ているみたいやぁ。

「ふぁっ、ふぁっ、ふぁっ！　そぉ～かぁ～。お主も悪よのぉ～。安治川警察！」

「めっそうも御座いません、運転手さまぁ～。がっはっはっはぁ～！」

……と、なんやかんやと色々ありましたが、話は丸く収まりまして、次の日の乗務。たまたま安治川警察署管内の道路で交通検問をしておりました。たまたま、シートベルトをはずしておりましたウエちゃんですが、ウエちゃんには強い味方がおります。もう、すかさず、

「えぇぃっ！　下がれぇ、下がれぇ～。ふっふっふっ。これを見よぉ～！」

と、例の印籠を差し出したのであります。

「はぁ～？　どないしたん？　あんた、アホかぁ。きょうびそんなもんで、なんかできるわけあらへんやろがぁ。世間、うるさいねんから。はい切符、切符！　減点一点やでぇ。はい、ここにサインしてぇ。あっ、その部長なぁ、今朝の泊まり明けで、あと有休使こうて定年退職やぁ。残念やったなぁ。来週、送別会やから運ちゃんも来るぅ？　てっちりやでぇ。春になったら山村運輸の事故処理担当するらしいでぇ」

「えぇぇっ！　山村運輸ゆぅたら山村倉庫の……！　ううぅぅ」
一体どないなっとんねん！　ウエちゃんはいつも、なぁんでこぉ〜なるのっ！

［お詫び］　当文章冒頭で、この話は「実録」「ドキュメント」「ノンフィクション」と記載しましたが、本文における個人名、団体名、企業名はすべて架空のものでございますし、内容につきましても、すべて「フィクション」でございますのでご了承下さい。

元日タクシー日誌

今日は元日である。しかし、別に前の日となぁ〜んも変わらへん。昨日の続きである。そんなもん、あたりまえである。しかし、なぁ〜んも変わらへんのが一番えぇんとちゃうやろかぁ。昨日の大晦日もウエちゃんは仕事やった。もう、これで確か四〜五年は続けて、タクシーのラジオで紅白歌合戦を聞いてしもたぁ。アリスが出とったなぁ。ピンク・レディーも……。去年はかぐや姫も出とったんちゃうやろかぁ？

年の始めの一月一日を元旦と言う大馬鹿タレがいてるが、あれは間違いである。元旦の旦の字を上下に分けると、地平線、水平線から日が今まさに昇る様子を表している。これすなわち年の始めの、日の出の時のみを元旦と言うのである……。とよく、河内の駅弁大学時代に、古文漢文担当の八割五分死にかけた先生が言っていた。駅弁大学で習ったことやから、間違いかもしれへん。学長すんまへん！

ウエちゃんは、正月元日から仕事である。普段、早めに仕事を切り上げ夜中から明け方にかけて原稿を書いているウエちゃんは、会社に無理を言って就業時間を特別に短くしてもらっている。当然、売上も他のタクシー運転手よりは少ない。物分かりがいい営業部長や運行管理者のいるウエちゃんの勤務するタクシー会社は、ウエちゃんに対して就業時間や売上に関しては何も言わない。タクシー会社と言えば、角兵衛獅子の親方か悪徳芸能プロダクションみたいな鬼のよぉ～なところが多い中で、ほんまに良心的でええ会社である。

「ウエちゃん！　会社の宣伝をしっかり書いとってやぁ！　頼むでぇ！」

と営業部長はいつも言う。それに答えて、

「もぉ～毎回、書いてまっせぇ～！　貸し切り予約がぎょ～さん入ってまへんかぁ？」

と、ウエちゃんは大嘘をついている。

我が社には、売上・給与計算用のコンピュータはあるが、インターネットに接続していないので大嘘をこいてもわからないのである。二百人近くいる運転手の中でも、インターネットをやっている運転手はウエちゃん一人のよぉであるので、他の運転手は何も知らない。そのくせ関西地区のトップを切って、デビットカード用の端末を百台全車に搭載して鼻息が荒い。そのニュースを新聞社の社会部や経済部、放送局の報道部に取材依頼の連絡をしたら……、

「はぁ～？　それがどないしましたん！　きょうび、あんたぁ、デビットカードなんか珍し

いことおまへんでぇ」

と大笑いされたそぉ～である。しゃぁけど、タクシー業界では画期的なんやねぇ、これが……。

このまま、会社のPCが時代の潮流に逆らって、永久にインターネットに接続しないことを祈るばかりである。

就業時間・売上を見逃してもらっている代わりに、他の運転手の有休が続出するゴールデンウィークやお盆、祝日や日曜日、年末年始、そして一月下旬前後にある旧正月には自主的に出勤しなくてはならない。

「えっ！ 旧正月？ なんで休みと関係あんのぉ？」と驚く人が多いと思う。

『月はどっちに出ている』（監督・崔洋一、原作・梁石日《ヤン・ソギル》）の中でも詳しく紹介しているが、日本のタクシー業界における在日韓国・朝鮮人の就業比率は他の産業に比べて非常に高い。特に在日韓国・朝鮮人の人口の多い大阪は飛び抜けて高い。これは彼らに対しての、いわれなき就業差別に起因しているのだが……。

先祖を崇拝し親を尊敬し兄弟姉妹を敬愛する儒教思想の朝鮮民族にとって旧正月は非常に重要な意味を持つ。「日本人のチンタラした正月の感覚とは比べ物にならない」と、在日韓国・朝鮮人の友人たちは口を揃えて言う。そのため在日韓国・朝鮮人の運転手のほとんどが有休を取るので、この期間、ウエちゃんは会社への常日頃の迷惑に対するお詫びの意味で、自主的なタクシー乗務となるのである。

午前九時

いつもより早く起床。今日の睡眠時間は四時間。ちょっと眠たい。元日は毎年、きわめてお客さんが少ない。早めに出庫して早めに入庫するのが毎年の恒例である。

大晦日に食べた餃子のせいで口が臭い。牛乳を飲んで、お口くちゅくちゅをして自宅を出る。

午前十時

大阪南港の巨大タクシー基地に到着。今日はどの会社も自由出勤なので半分程度のタクシーがまだ車庫にある。昼からもう少し稼働するやろぉ。

いつも通り、二十四時間営業の食堂へ直行。素うどんを注文。

正月は食堂に屯《たむ》ろしている運転手の表情が異常に明るい。それは別に正月がめでたいからではない。正月三日間は、通称タクシー金融と呼ばれるタクシー運転手貸し出し専門の、闇金の取り立てがないからである。闇金も人の子。正月三が日ぐらいはゆっくりしたい。深夜の入庫時、毎日車庫の門の前で借入リストを左手に、乗務員証（写真付き）のコピーと判子を右手に運転手からの日割返済の取り立てをする闇金の若い衆も休みなのである。

「ウエちゃん！　ほんまに一年中正月やったらえぇのになぁ」

と同僚の競輪・競馬・競艇で借金まみれの、闇金以外は会社どころか、働く仲間を守ってくれるはずの労働組合からも金を貸してもらえない運転手がポツリと言う。闇金に多額の借金を背負う運転手たちの本音やねぇ。

午前十時三十分

出庫。大阪の街から車が消えた。当然、客なんかいてるはずがない。

途中、コンビニで昼食用のパンとおやつを買う。正月早々若い女の店員の態度が非常に悪い。怒りながらイヤイヤ仕事をしている。嫌なんやったら、やめたらええねん。気分が悪いので、一発どついたろかぁ！……と思ったがやめた。

「ねぇちゃん！　正月初めから、ねぇちゃんの恐ろっしい顔見たさかいに、今年はなんかえぇことがありそぉやでぇ！　ほんまに、おおきになぁ」

と一言いって店を出てきた。

午前十一時三十分

大阪市内を十キロほど走ったが、客が全然いない。しゃぁないので、待っていたら必ず客が乗り込んでくる、いつもの海遊館へ向かう。なんと客待ち三台目である。正月で出庫台数が少ないためか、客もあまり来ていないがタクシーも来ていない。

午後零時

三十分待ちで、今年最初の客である。若い夫婦と小さい子供が一人。「朝の九州からやって来る大型フェリーで南港に着き、ホテルのチェックイン時間まで海遊館で時間を潰していた」ということを、訛りのきつい九州言葉で言った……よぉ～である。

行き先は西梅田のザ・リッツ・カールトン大阪。超一流高級ホテルである。某万年最下位の職業野球団の監督さんも、このホテルのスイートルームに一年中部屋をキープしてある。どぉ～も東京へ帰るのが嫌らしい……という噂である。

客が道すがら、リッツ・カールトンがどんなホテルか心配そぉ～に聞いてくるので、「クラッカー屋さんが、やっとるんとちゃいまっかぁ。あのホテル」

と冗談で言ったら、田舎の人は素直である。信用してしまった。困った！　これが関西人相手なら「ほぉ～、えぇやんけぇ。ほな、クラッカー食べ放題やなぁ！」と客が勝手にボケてくれるんやけど……。

「お客さんが、今年最初のお客さんですわぁ！　わっはっはっ」と笑っても何の反応もない。破れた太鼓である。打っても響かへん！　田舎から大都会にやって来て、人相の悪い運転手に当たったので緊張しているみたいである。関西人にこう言うと「おっ！　ゲンえぇやんけぇ。運ちゃん！」と言って、料金の他に祝儀が出るもんなんやけど……。

大阪には客の財布の中身を骨までしゃぶる〈しゃぶり屋〉という不良運転手がいる。大阪でこの手合いの運転手のタクシーに乗ると、正月一週間ぐらい朝から夕方までこの台詞を言っているから要注意である。

午後一時

西梅田のリッツ・カールトンから素早く折り返し、また、海遊館へ。

今度は五台目である。今日は本当にタクシーが少ない。知り合いの運転手に聞けば、前日の大晦日の夜、大阪市内の各会場のカウントダウンのイベントが終わり、朝までタクシーを探す客で沸いていたそぉ～である。今日はタクシー運転手はみんな疲れ果てて、出てこられないようである。ウエちゃんは、カウントダウン後の身動きが取れない大渋滞が心配だったので早めに入庫した。元日の早朝まで走ったタクシー運転手のほとんどが、五万円以上を売り上げたらしい。失敗やったぁ。あちゃぁ〜！

午後一時三十分

三十分待って、中年の夫婦もどきが乗ってくる。もどきである。なんとなく、白々しい。今回の行き先は、南港のハイアット・リージェンシーホテル。これまた、超一流高級ホテルである。車内での会話は一切なし！　やっぱり、なんか怪しい？　人生経験豊富なタクシー運転手の鋭い勘である。

午後一時四十五分

客をホテルで降ろして、角を曲がったＡＴＣ（アジア太平洋トレードセンター）の前を通ると、タクシー乗り場には一台も待っていない（ラッキィ〜！）。素早くタクシー乗り場へ付ける。横を通りがかっただけなのに、もうトップである。嬉しぃ〜い。今年はなっかなかついてるでぇ。

午後四時四十五分

しかし、三時間待ったが客が来ない。ウエちゃんの後ろにタクシーは随時入ってくるが、三十分程度でみんな逃げていく。先頭はなかなか逃げにくい。どないしょ?

午後五時

三時間ちょっとで、やっと客が歩いてきた! 家族連れである。

行き先はホテルニューオータニ大阪(ラッキィ〜!)。ホテルニューオータニ大阪は大阪城の東側。ATCからだと五千円前後の距離である。三時間待って大正解やったぁ! よかったぁ。

咲洲海底有料トンネル、阪神高速を経由して二十分でホテルに到着。仕事が早い!

あれれぇ〜? どぉ〜も今年は、大阪の一流ホテル巡りで年が明けたような感じである。

午後六時

大阪市大正区の自宅に到着。休憩、仮眠である。

ちなみに晩御飯は、オムライス、ハイカラうどん、めでたい出世魚のブリの刺身である。

今日は正月だが我が家の夕食は普段と一緒! メニューもいつも通りに一貫性に欠ける。文句を言ったら中近東系の顔立ちの美人の嫁はんにどつかれるので、黙っていただくことにする。

嫁はんは流浪の民、忽然《こつぜん》と消えた幻の海獣狩猟民族・オホーツク人の末裔《まつえい》らしい。だからシルクロード関係のテレビに出てくる女たちのような顔をしている。ベーリング海峡の手前で東と南に分かれ北アメリカ大陸から南アメリカ大陸に渡った、アンデスの民の女たちにも似ている。ウエちゃんに似た子供二人には赤ちゃんの時に蒙古斑《もうこはん》があったが、嫁はんに似たもう一人の子供には蒙古斑が出なかった。その子は、チーズやヨーグルト、羊の肉とか山羊《やぎ》の肉、変な肉が大好物である。ほんまに不思議である。司馬先生が生きておられたら、会わせたいぐらいである。河内の駅弁大学時代に近鉄奈良線・八戸ノ里《やえのさと》駅前に住んでいたことがあって、司馬先生の自宅が五軒ほど向こうであった。

午後九時

仮眠から起きて自宅を出る。元日の夜の街はひっそりと静まりかえっている。三十分ほど大阪市内を流すが、今日はホンマに酔っ払いもいてへん。ＪＲ環状線の大正駅に付けるが、十台ほど待っている。様子を運転手に聞くと、電車一本に一人ぐらいしか乗ってこないと言う。なぁ～んか、やる気が全然出ぇへん！　ウエちゃんの意思とは反対に、勝手に車が会社の方向へ向かう。

午後十時

そのまま入庫。オモロイことがなぁ〜んもあらへん、平凡な一日やったぁ。珍しい！　まぁっ、えぇかぁ。トラブルばっかりやったら、ウエちゃんのタクシー人生があまりにもオモロすぎる！

午後十一時

納金終了。洗車終了。オンボロ・サニーで自宅へ帰る。

また、明日から波瀾万丈のタクシー人生が始まるはずである。ウエちゃんは一月二日も三日も仕事である。ウエちゃんが馬鹿タレ青少年に刺されて死なない程度に、今年も変な客がぎょ〜さん乗ってきてくれて、ネタを提供してくれることを願うばかりやねぇ。

しゃぁけど、よぉ〜考えたら今日は三回しかお客さんを乗せてへん。売上も一万円を切っている。ホンマにこんなんで、えぇんやろかぁ？

本日の営業走行距離　八十二キロ
実車走行距離　三十一キロ
実車率　三十七％

二十一世紀最初の雨の日曜日

一月七日

正月最初の日曜日である。それも、こぬか雨が降っている。

生駒や北摂津、六甲山麓ではもう雪になっているらしい。大阪市内の雪も時間の問題やねぇ。

ウエちゃんは一応プロの運転手やけど雪道は苦手。運転免許を取って二十六年間、一回もチェーンなんか着けたことがあらへん。はっきり言って、チェーンの着け方も知らん！　一体、どぉやって着けるねん。その前に、タイヤチェーンを持ってへんかったんやぁ。失礼いたしました！

雪道ではウエちゃんがなんぼ注意して走っていても、相手の方から勝手に突っ込んでくる。こっちが走行中であれば、いくら相手が悪くても過失相殺《そうさい》比率が「100：0」ということはまずない。相手の過失であっても、こちらの車が動いていたら「90：10」か「95：5」程度になるのが相場である。もし、相手がヤクザな損害保険会社や保険代理店で自動車保険に加入していたら、過失相殺比率が「80：20」なんてこともあり得るのである。

ところで、信じられない話ではあるが、日本のタクシー会社のほとんどは自動車事故に関しての任意保険には入っていない。特に大阪市内地区の法人タクシーで、任意保険に入っているという話をウエちゃんは聞いたことがない。

それはなぜか。事故率の高い営業車の場合、任意保険に入ると保険料が莫大な額になってしまうからである。タクシーの場合だと、一台で一年間に四十万円から五十万円の保険料がかかると言われている。仮に百台保有しているとすると、任意保険だけで四千万円から五千万円になるわけで、そうなると、経営が苦しいタクシー業界では、任意保険の支払いだけで倒産する会社が出てきてしまう。もし相手との交渉で過失相殺の損害金が年間三千万円で済むならば、年間四、五千万円の保険料を支払うより一、二千万円得という計算になる。みなさんがタクシー会社の経営者なら、どちらを選びますかぁ？

そこで登場するのが、東映のヤクザ映画やVシネマの極道顔負けの交通事故処理屋である。

事故処理屋とは、保険会社OBや警察OB、ヤクザの任意引退者で占められ、ある時は強引に押し、ある時は徳俵《とくだわら》で軽くいなす事故処理示談交渉のプロ中のプロのこと。交通事故専門の一流弁護士や、大手損保のベテラン事故示談交渉担当者でも歯が立たない。

ただし、ウエちゃんが勤務するタクシー会社の事故係は、なぜか「あなたの町の信用金庫」みたいな紳士的な担当者が、加害者、被害者の所へ笑顔でお伺いする。これは「タクシー会社の事故係は恐ろしい！」というイメージで待っている相手に「案外、親切やんかぁ」と思わせて、過失相殺比率を有利にもっていこうとする、逆転の発想である。よぉ考えたら、これも一つの手やねぇ。さすが、うんちくたれの陣内部長！

しかし、一般的には事故処理屋の連中が一定の歩合契約でタクシー会社の事故処理係に入り、一％でも過失相殺比率を会社側に有利な方へと強引に導く。任意保険に加入していないタクシー会社の車の修理はタクシー会社の自己負担になるから、当然、交渉が有利に決着すればするほど会社の利益になる。

読者のみなさんの中にも、タクシーと接触事故を起こし、自分が悪くないのに結果的にはタクシー会社に有利な事故補償割合になった、という経験をお持ちの方がいらっしゃると推測する。「タクシーには、二度と、死ぬまで、絶対に乗らん！」と言う人が時々いるが、こういう人の多くは、事故処理交渉などで、事故係から酷い目に、痛い目に遭わされている人だろう。

では、その事故相殺比率のタクシー会社支払い分は誰が負担するのか？　タクシー会社が全額負担することは絶対にない。そんな心の広いタクシー会社は日本全国どこを探してもない。ほとんどのタクシー会社では事故損害補償割合の何割かを運転手が負担することになっていて、酷い会社だと全額運転手負担となる。

以前にも書いたが、タクシー会社は角兵衛獅子の親方か、悪徳芸能プロダクションと同じである。あくどい会社になると、運転手が使った燃料代も水増しして、給料明細から差し引く。某社などは、オイルの一滴、ウィンドウォッシャー液、室内灯の豆球一個、タイヤの空気止めのゴム一個にいたる修理、交換の費用すべてが運転手負担である。有名デザイナーが製作したと言われる制服を下代（卸値）で仕入れ、それを運転手に上代（小売値）で売り、制服の販売だけで、数万円の利益が転がり込んでくる仕組みを作っている会社もある。もちろんその手のタクシー会社のほとんどでは、事故の負担割合を運転手が全額支払わなければならない。一般的に考えたら非常識ではある。しかし、タクシー業界には有名な諺《ことわざ》、「世間の常識はタクシー業界の非常識」がある。

だから、押しの利く、ヤクザ同然の事故処理係が必要となってくるのである。

大阪で今日のように冷たい雨が降る冬の日は、雪に変わりやすい。

市内のタクシー運転手は、雪が降りそうになると、事故を恐れ競って入庫する。そうなるとタクシーは減り、当然客が増える。ちょっとでも入庫のタイミングをはずすと、走っても

走ってもお客さんが立っている状態になる。そのうち雪が積もってきて道路は雪に馴れない車で渋滞し、一層客が増えて客の蟻地獄《ありじごく》へと落ちていき、最後にはスリップ車両が突っ込んできて事故となって、警察の現場検証に寒い中長時間立ち会わされ、後日事故損害金の一部を給料から引かれる。雪の日は、都市部のタクシー運転手にとって踏んだり蹴ったりなのである。

今日の雨もちょっとやばいんちゃう？　目に見えてタクシーの数が減っていく。個人タクシーのほとんどは、もう入庫しているようだ。ラジオは、阪神高速の一部が通行止めになり、京都競馬も途中で中止になったことを伝えている。

幹線道路を走っていると信号一カ所に必ず一組の客が立っているが、大抵の客が近距離でタクシーは完全に傘代わりである。こういう時は、客を乗せても乗せても初乗りメーターの六百六十円か七百四十円、よくても八百二十円。千円を超えることはまずあらへん。大阪市西区の西の端から市内に向かって順番に客を乗せていったら、五組目でナンバに着いた。

見ず知らずの、素性もわからないタクシー運転手の車に、わざわざ金を払って乗ってきてくれるのだから、非常にありがたいことではあるけれど、ウエちゃんも雪が降りそうなので本当は一刻も早く入庫したい。このタイミングを逃すと今日はえらいことになりそうである。

さっきラジオで聞いていた高校ラグビー決勝の実況中継では、東大阪の花園ラグビー場にはもう雪が降っているとアナウンサーが絶叫していた。雪ぐらいで絶叫するなぁ！　最近のスポーツアナウンサーは、しょぉもないとこで絶叫する。アホちゃうかぁ？　東大阪は生駒おろしがまともに吹き抜ける町で、市内より二、三度は気温が低いところではあるが……。こっちの雪も、もうすぐやねぇ。

南海なんばの駅前で五組目の客を降ろす。とうとう、雪が降ってきた。素早くメーター表示を回送にしてUターン。伊丹空港行きのリムジンバス乗り場を通り過ぎたあたりで、一組の母子連れが、濡れながら立っているのが目に入った。母親はお腹が大きい。破裂しそぉである。子供は五歳前後の男の子だった。

なんばの空港バス乗り場横にはタクシー乗り場がある。しかし、ここはめっちゃぁ不思議で、常時いる客待ちタクシーのメーター表示は全車が「予約車」になっている。運転手はどこか外へ出てしまって、いない。よぉ〜く見回すと、空港バスに乗るために並んでいる人たちの傍にいる。

「お客さん！　ここの空港バスはなかなか来まへんでぇ。タクシーで行きなはれ。大阪空港なら十五分で着きまっせぇ。速いでっせぇー！」

と満面の笑顔よろしく営業しているのである。読者の中にも、この空港バス乗り場でこのような光景を見たことがある人がいると思う。

ここは、大阪タクシー近代化センター（通称・近セン）指定の正規の場所なのだが、伊丹空港よりも近距離の客は乗せないという、大阪人なら誰もが知っているバイスタクシー乗り場なのである。

連日このような状態だから、近センや新聞社などの報道機関に多数の苦情が寄せられているが、いつも「はっきりとした実態がつかめない！　現場を押さえられないので指導ができない！」などという摩訶不思議な回答ばかりで、ウエちゃんの親友の新聞記者は「何年も知らん顔なんやぁ！」とボヤいている。

なんばと同じように野放し状態の場所が、新大阪と梅田・マルビル（第一ホテル）、新阪急ホテルの大阪空港行きのリムジンバスの乗り場でも見られる。大阪へ遊びに来られる方は、この三カ所が要注意である。これらの場所にいるタクシーの中に三つ星マーク（優良）の個人タクシーがいてるのも、ナニワの七不思議である。ほんまに、けったいな話やぁ。

お腹の大きい母子二人連れも、雪まじりの冷たい雨が降る中を「奥さん！　近距離やったらここを通る空車タクシーを止めて、乗せてもらいなはれ！」とミナミの極道顔負けの恐い顔で乗車拒否されたのが見え見えである。

「お客さぁ〜ん！　寒いやろぉ！　乗ったってぇ。かまへんからぁ」

と幼い子供の手を引き震えているお腹の大きなお母さんに、後ろのドアを開けた。

「えっ！　回送とちゃいますのん？　運転手さん」

と不思議そうな顔をするお母さん。

「あっ！　押し間違いやぁ。空車、空車！　今、空車やねん」

と言うと泣きそうな顔が突然笑顔になった、ウエちゃん好みの若いごっつ美人のお母さん。

ひひひっ！

「あっ、そぉ〜。ありがとぉ！」

とお腹が大きいのに飛び跳ねるようにして乗ってきた。

「はいはい、どうぞどうぞ。乗って乗って」

二人の髪の毛の先から雫《しずく》が落ちている。

「いやぁ、助かったわぁ。さっきまで雨やったのに雪んなってきたしぃ」

「奥さん、あそこのタクシー乗り場、乗車拒否でっしゃろぉ？　毎日やねん」

「そぉやねん。空車で走っとるタクシーに乗れぇ！……言うねんでぇ。滅茶苦茶やぁ。こんな苦情どこへ言うたらえぇのん？　あれ、個人タクシーやでぇ。運転手さん、どないなってんのん！」

　とウエちゃん好みの美人妻はエライ剣幕である！

「タクシー近代化センターゆうのがありまんねんけどなぁ、あそこはあきまへんねん。なぁ

〜んもしてくれまへん！　弱きを挫《くじ》き強きを助ける非近代化センターやから。これに関しては報道各社からワイに色々と問い合わせがありまんねんけどねぇ。ワイがいずれまた、なんとかしますわぁ」

「ほんまぁ。どぉやってぇ？」

と杉良ばりの物凄い流し目でウエちゃんを見つめてきた。ウエちゃんに気があるんやろかぁ？

「ふふふ。タクシー運転手は表の商売。実はウラの商売がありまんねん。ふふふ」

ウエちゃんも山崎努ばり、二枚目の口上を述べると、

「えぇっ〜！　運転手さん、ひょっとして藤枝梅安？」

おぉ、ちょっと粋なセリフではあぁ〜りませんか！　こういう若奥さん、大好きやねん！

「ひひひ。そんなもんでんなぁ。ひひひ。がっはっはっ！」

「まぁっ、あてにせんと待ってるわぁ！」

「ぼくぅ、えらい雪降ってきたでぇ。ごっつう寒かったやろぉ？」

連れの子供は雪が珍しいのか、窓の外を見つめたまま、ウエちゃんの質問にまったく何の反応もしてくれない。

「あっ！　そぉ〜やぁ。大事なこと、聞くの忘れとったぁ。奥さん、どこへ行きまひょ

ぉ？」

　客が乗り込んできてすぐに話しかけられると、喋りのウエちゃんの本能がムクムクと起き出して、行き先を聞くのを忘れて五分くらい喋ってしまうのは毎度のことなのです。

「そぉやねぇ、大阪城公園へでも行ってもらえますぅ？　運転手さん」

「大阪城公園でっかぁ！　よろしいんでっかぁ？　足元悪いでぇ、寒いんとちゃいますぅ？　この雨と雪やし……。奥さんはお腹がもうすぐ破裂しそうやしぃ！」

　ウエちゃんは自分好みの若くて綺麗な奥さんが乗ってくると突然、日本一親切な運転手に変身するんやねぇ！

「ほんまやねぇ。どっか子供連れていっても寒いことあらへんとこ、ありません？」

　ぉぉ〜！　どうもこのお母さんもウエちゃんが好みらしい！　ひひひっ！　嫁はん堪忍！

「そぉやねぇ。ちびちゃん男ん子やから、天五（天神橋五丁目）の関西テレビの隣のキッズプラザはどやろぉ。関テレの桑原征平アナがいてるかもしれへんなぁ、真っ赤なビキニの競泳パンツ履いて！　それから肥後橋の市立科学館かなぁ。ここは穴場やでぇ！　プラネタリウムもあるでぇ。あれ、よぉ〜寝られるんやわぁ。なんでやろぉなぁ？　弁天町の交通博物館もえぇんちゃう。新幹線や寝台特急があるでぇ。そうや！　天保山の海遊館やったら、もぉ〜めっちゃぁ嬉しいなぁ、車庫へ帰る道筋やしぃ。まぁっ、そんなうまいこと世の中いかんわなぁ。がっはっはっ！」

（ひょっとすると、ちょっと喋りすぎやろかぁねぇ？）

「ほんなら運転手さんは海遊館がいっちゃん、都合がええねんやねぇ？」

「そんなん……。どこでもよろしいでっせぇ（海遊館やったらええなぁ。十分で入庫できるしぃ！　ひひひひっ）。ぼくぅ？　おいっ！　ぼくはどこへ行きたいねん。おっちゃんに教えたってぇ？」

　と得意の大声で聞いてみた。

「…………」

　ウエちゃんのことが恐いのか何も返事がない。

「遠慮せんでえぇねんでぇ。どうせ、タクシー代はお母さんからガッポリ貰うねんから。がっはっはっ！」

「…………」

「あっ！　運転手さん、すんませぇん。この子、耳が聞こえませんねん。すんません」

「えっ！……。あぁ〜、こらぁ、えらいすんまへん」

　タクシーには毎日毎日、色々な客が乗ってくる。その一人一人にプライバシーがありさまざまな事情がある。こういう客の場合は、面白がるのは当然いけないが、必要以上に気を遣って接するのもいけない。当然、何もなかったよぉ〜に前を向いて知らん振りをして、ポーカーフェイスで運転しなければいけない。のだが……。

はっきり言って人の百倍以上好奇心とネタ探しに旺盛なウエちゃんには、そんなもんできるわけがない話である。もぉ〜、後ろの客が気になって気になって仕方がない！

「運転手さん！　そぉやったら海遊館へ行ってちょぉだい。あそこやったらぬくいやろしぃ。ジンベエザメもいてるしぃ。運転手さんの都合もいっちゃんよさそぉやしぃ」

「ぼくぅ、海遊館でえぇんかぁ？　ジンベエザメ見るかぁ？　クラゲもおるでぇ」

と振り向いてチビちゃんの目を見て尋ねると、

「うん！」

と一言答えた。見れば、確かにチビちゃんの耳には小型の補聴器が入っている。

「あれぇ〜？　聞こえてまっせぇ、チビちゃん。音、補聴器で拾えるんでっかぁ？」

と失礼千万にもチビちゃんの耳を指さして尋ねると、

「いや、ほとんど聞こえてへんみたいやねぇ、センセに聞いたら……」

と母親もチビちゃんの耳をさして言う。本人は両方から指をさされてキョロキョロする。

「しゃぁけど、今、返事しましたでぇ、はっきりと」

「この子、対面で喋ったら相手の唇が読めるんですわぁ。手話を教えへんかったら、いつの間にか唇が読めるようになってねぇ。その上、上達がめっちゃぁ早いゆうてセンセもビックリしてはるんですわ。空気の振動でちょっとだけ耳でも感じるみたいやねぇ。そぉしたら、たどたどしいけど喋れるようになってねぇ。運転手さん、びっくりやわぁ！」

と若くて美人のお母さんは自分の下唇をベロンベロンと人差し指で擦りながら言った。

「へぇ～！　読唇術ゆぅやつでんなぁ。しゃぁけど自然の生命力やねぇ。凄いねぇ」

「ほんま、ほんま！　びっくりやわぁ。あのぉ～、話が全然変わって悪いねんけど、運転手さん？　さっきからちょっと気になっててんけど……」

と何か強～烈に言いにくそうである。

「なんでっかぁ？　奥さん」

「しゃぁけど、言いにくいわぁ！　どないしょ」

やっぱり口をモゴモゴしている。

「そんなん、遠慮せんとぉ～、何でも言いなはれぇ。なんでっかぁ？」

「しゃぁけどなぁ、やっぱり言いにくいわぁ！」

今度は唇を上下に噛みしめて窓の外を見る。なんか怪しい。やっぱり、ウエちゃんに気があるんちゃうかぁ？

「もぉ、早よー言いなはれ！　金は貸せまへんでぇ」

と物凄く儚《はかな》い期待を込めて聞いてみたのである。

「ほんなら言うけどねぇ。さっきから、ずぅ〜とメーターが入ってへんよぉ、料金メーターが……。えぇのん？　運転手さん！」

「あっちゃぁ！　そらぁ言いにくいわなぁ。早よう言うてぇよぉ。もう十分ぐらい走ったんちゃう。もぉ〜出血大サービスやなぁ」

うううぅぅ。やっぱり儚い期待だった。

一旦ウエちゃんが話に夢中になってしまうと、メーターを入れ忘れるのなんかしょっちゅうなんやねぇ。ウエちゃんにとっては別に大して珍しいことやあらへんねんけど、客からしてみれば大助かりやねぇ。十分の空走は大阪の一般道やと千円前後になるから、ほんまに大損やでぇ！　往生しまっせぇ！

「奥さん、お腹は何カ月でっかぁ？」

ウエちゃん、自分の太鼓腹を擦りながら聞くと、

「もうちょっとで七カ月ですねん。運転手さんとおんなじくらいやねぇ！」

とても優しい答えが返ってくる。

「そやったら海遊館の地下駐車場の、奥のエレベーターの横に付けますわぁ。誰も知らん内緒の秘密の、極秘のエレベーターがありまんねん」

と得意げに言ったら、

「へぇー、そんなん初耳やわぁ。内緒のエレベーターがあるのん？」

なんと、ルームミラー越しに、びっくりした顔をして尊敬の眼差しでウエちゃんを見つめてきた。美しいご尊顔である。

「奥さんみたいな美人で身体が思うように動かへん人にやねぇ、いや、まあホンマは年寄りや車椅子の人用に作ってあるねんけど、内緒にせぇへんかったら元気な馬鹿タレが絶対に使うから、極秘ですねん……。秘密にしすぎて誰ぁ～れも知りませんねん。ほんま、大笑いでっせぇ！」

「ほんまやねぇ。おおきに。助かるわぁ、運転手さん」

と言いながら、ますますウエちゃんを見つめる。ドキドキドキドキ……。

「お母たん、おったん今なに言うたん？」

「運転手さんがねぇ。内緒のエレベーターが……やねんてぇ」

「おったん！　あぁとぉー」

よく見れば、チビちゃんも母親に似た可愛い顔である。

「どういたしまして」

「おったん！　うちろむいてちゃべってぇ。おったんがなに言うてるかぁ、わからへん。聞こえへんねん」

と耳が不自由なせいだろう、はっきり聞き取れないたどたどしい言葉で話す。

「えっ！　あぁ〜すまん、すまん。気ぃつけへんかったわぁ、おっちゃん！　これでえぇかぁ？　わかるかぁ？　どやぁ！」

頼まれると、ウエちゃん、運転中にもかかわらずつい後ろを振り向いて喋ってしまう。すると、

「うん！　わかるてぇ」

と嬉しそうな笑顔が返ってきた。

「ぼくぅ？　便利えぇなぁ。人が言うとる悪口、遠くにおってもよぉわかるやろぉ？」

「わかるてぇ！　近所のおばちゃんらがなぁ、ポクちん見てみんなポクちんの悪口言うてんねん。わかるねん！」

とちょっと困った表情になって、母親の様子を覗《うかが》いながら下を向いてしまう。しかし、能天気な運転手はニコニコ顔で聞き返すのである。

「あぁ、そぉかぁ。しゃぁけど便利なよぉで不便なんやなぁ」

「めんりでふめん……。どぉ〜ゆぅ意味ぃ？　よぉわからん」

まだ子供なので、人が話す言葉の意味を読唇だけでは把握しきれないことはあるだろうが、

もっと大きな理由は、ウエちゃんの歯抜けの滑舌の悪さが原因であることは間違いない。首を傾げられてしまった。

「えぇねん。えぇねん。おっちゃんの独り言やぁ」

「ちとりことぉ……。ゆぅてなにぃ？」

と母親の方を向いて尋ねたが、母親もウエちゃんの滑舌の悪さに気がついたのか、チビちゃんを睨み付けている。顔も美しいが心も美しい！

「これぇっ！　運転手のおっちゃんが事故するさかいに、ちょっと黙っときぃ」

と母親が止めようとするが、子供はウエちゃんが気に入ったのかなんやかんやと質問してくる。猛犬とナニワの極道とニューハーフのおねぇさまたち、スポーツ刈りに鼻髭を生やしたオカマちゃん、それに子供には絶大な人気のウエちゃんなのであります。そうそう、好かれたくもないのに擦り寄ってくるあの図々しいオバハンにもでした……。とほほほほ！

「ぼくぅ？　お母さんのお腹破裂しそぉやなぁ。もうすぐ、赤ちゃんが生まれるでぇ」

と後ろを振り返ってウエちゃんに気がある（に違いない）母親の大きな腹の上を指さすと、

「うん！　もうしゅぐ」

と満面の笑顔で大喜びである！

「ぼくぅ、お兄ちゃんやでぇ。どないする。わかるかぁ」

と今度は意識してはっきりした滑舌で聞いてみた。すると、

「うん！　お兄ぃたん……」

と両手を上げてバンザイである！　わかってくれたらしい。

「おったん……？」

「なんやぁ？」

「ポクもうつぅぐ、お兄ぃたんやねん！　今度のなぁ、赤たんなぁ、耳が聞こえたらえぇなぁ」

と、こっちが一歩退《ひ》くようなことを言い出した。

「ほ、ほんまやなぁ……」

さすがのウエちゃんも、思わず弱々しい返事になってしまった。

「いっつもなぁ、お母たんとお父たんポクのことでちんぱいちてんねん！　耳が聞こえへんゆぅて。お母たんとおばぁたん、毎日泣いてんねんでぇ。ポクちんのことで……。ちゃぁから、今度の赤たんは耳がちゃんと聞こえたらえぇねぇ。ねぇ、おったん！」

どう対応していいのかわからないようなことを言うではありませんか！　ウエちゃんは運転中にもかかわらず、自然に『いなかっぺ大将』の風大左ェ門のような大粒の涙がポロリンコンと落ちてきた。

「ううぅぅぅ……………。ほんまやなぁ。ほんまやなぁ！　ぼくぅ、優しいなぁ。うううぅぅぅ…。わぁぁぁぁ〜ん！」

「おったん！　泣いたらあかんてぇ。ちこちゅるてぇ」

「おおきに、おおきに！　おっちゃん、タクシーちょっとだけ停めさしてやぁ。うううぅぅ……」

もうたまらん！　これ以上運転したらチビちゃんの言う通り事故をする。

「ポクちんは優ちいねんでぇ！　耳が聞こえへんぷんだけ神しゃんが、優ちゅぅにちてくれてん。センセ、モシモシちながら言うてはったぁわぁ！」

チビちゃんの隣の席で母親も目頭を押さえている。なんかテレビドラマの一場面みたいやぁ！

「うううぅぅぅ……………。おっちゃん、もぉ目がかすんで運転でけへん！　うううぅぅ」

「おったん！　泣いたらあかんてぇ、泣いたら。泣きたいんはポクちんのほぉやてぇ」

と後ろから運転席に身を乗り出してチビちゃんが言う。

「すまんのぉ。ほんなら行こかぁ！」

「うん！　ちゅっぱちゅ、ちんこぉ！」

「チンコ……？　えぇっ〜！　がっはっはっぁ！」

なのであります。

子供にはチンコとかウンコとか言うと必ず大受けするのですが、これが親にはかなり不評

「きゃぁきゃぁきゃぁっ!」

この子に会って、学生の時に授業をサボって近鉄・布施駅前の小便臭い汚い映画館で見た坂本九・主演、松山善三・脚本監督の『泣きながら笑う日』という、難聴児童とその家族を題材にした映画を思い出した。

広島県は西のはずれの某地方都市。地元出身の有力な大臣級の国会議員や県会・市会議員の私利私欲で発展した、文化不毛、土建行政のみの地方都市。全国の田舎町によくある光景である。

そこの小学校に、日本で初めて「難聴学級」という難聴児童専門の学級が出来た。それまで不可能だった一般児童と一緒の学校生活をおくることができるのだ。難聴の子供を持つ九ちゃん演ずるトラック運転手がその話を聞き、家族全員で東京の生活を捨て言葉も文化も生活習慣も違う見知らぬ町へ引っ越すために苦労するという、実話を基に描いた感動の映画であった。

この映画は、秀作だったのにもかかわらずヒットしなくて、B級映画扱いだった。ウエち

ゃんが見た小便臭い映画館も封切り館ではなく、三本立ての学割で八百円、観客はウエちゃんを入れてたった三人だけのB級専門館であった。

原作本がないか探したこともあったが、とうとう見つけられなかった。

どこかの全国ネットのテレビ局で放送してもらえないものやろか？　金曜ロードショーさん、いかがですか？

さて、ウエちゃん、涙を拭《ぬぐ》い、気を取り直して海遊館に向け再出発したところで、記憶をたどりながらその映画の話をしてみると、

「へぇ〜！　そんな映画があったんやぁ」

と難聴児童の母親としては興味津々な様子である。

「なかなか、ええ映画でっせぇ」

「ビデオかなんか出てへんやろかぁ。運転手さん？」

とさらに真剣な目つきで聞いてくる。むむむっ！　やっぱり、ワイに気がある！

「出てへんのとちゃうかなぁ、あんまり話題にならへんかったよって。おそらく映画の舞台になった地元の人でもあんまり知らんと思うでぇ！」

そう答えると、ちょっと残念そうに口を尖らせて外を見た。雪はまだ降り続いている。

「しゃぁけど、よぉ知ってはんねぇ。運転手さんは……」

こちらに向き直ったと思ったら、またまた尊敬の眼差しである。ひひひっ！　誘われたらどないしょ？

「へぇ、おおきに。暇でんねん！　ほんまに。がっはっはっはっ！」

と大笑いして誤魔化すウエちゃんなのであります。慌てて、

「ぼくぅ！　もうすぐ海遊館へ着くでぇ」

とルームミラーを覗きながら子供の方へ話を向けると、

「うん！　あぁ〜とぉ。……あんなぁ、おったん？」

とチビちゃんは何事か話しづらそうに口ごもってしまった。

「なんやぁ？」

「もぉ、おったんとはあわれへんなぁ？」

とポツリと小さな声で言った。

「そぉやなぁ、おそらくもう二度と会うことはあらへんやろなぁ。タクシーはなぁ、一日中街をウロウロしてるさかいに、無理やろなぁ」

「おったんがタクチーでウロウロちてるんやったら、どっかであえるんちゃう？」

「ぼくぅ、そりゃぁ無理やでぇ！　大阪はめっちゃぁ広いねんから」

とウエちゃん、つとめて明るく説得口調になる。それでもチビちゃん、

「さっき乗ったとこで、ポクちんが待っとってもあかんのぉ？」

と言うではないか！　子供だけに本当にそんなことをしかねない。

「あかん、あかん！　あそこは大阪一恐いタクシー乗り場やでぇ、ぼくぅ。あっちへ行けぇ！　ゆぅて言われたやろぉ、優しい顔をした恐いおっちゃんに」

「うん！　あいちゅら耳が聞こえへんよぉになったらえぇねん！　ちんだら、天国へ行かれへんなぁ。なぁ、おったん？　地獄やぁなぁ」

なんとも恐ろしいことを言うが、おそらく不良タクシーの乗車拒否が子供心にも応えたのであろう。過去からのこうした行為の積み重ねが今のタクシー不況につながったのだ。決して世間の景気が悪いからというだけでタクシーに乗らないわけではないことに、全国のタクシー運転手のほとんどが気づいていないのである。

「ほんまやなぁ！　その通りやぁ！　ううぅぅ……」

またまたウエちゃんが泣かされている間に、車は目的地に着いてしまった。

「ほい、着いたでぇ！　おおきに、おおきに。元気でやりやぁ」

「うん！　あぁ～とぉ、おったんも元気でなぁ。あんまり泣いたら、ちこちゅるてぇ！」

「ぼくぅ！　赤ちゃんが生まれたら、かわいがらなぁあかんでぇ！」

「うん！　赤たんが耳聞こえたら、おったんのことをおちえたるわぁ。よぉ泣くタクチーのおったんがおったてぇ、ゆう〜て」

「ううううぅぅぅ……。ぼくぅ、最後までおっちゃんを泣かすなぁ！　おおきに」

タクシーという仕事は、特に都会では、街を流している時に拾った客とはよっぽどの偶然がない限り二度会うことなどあり得ない商売である。すべてが一期一会である。だから、一つ一つの仕事に客のドラマがあり人生がある。これやからどんなに不況で暇やっても、そして周りの人から「なんやぁ、タクシー運転手かぁ！　汚いんじゃぁ。向こうへ行けぇ！」と差別的視線で見下されても、やっぱりタクシー運転手はやめられへんねぇ。

「阿呆ぼん」とはいかなる人々か

某月某日

本日のお客様は、お坊ちゃまである。

お坊ちゃまと言っても、子供ではない。ましてや、大阪名物の「わしゃあ大金持ちのボンボンじゃあ！　家は芦屋と違う、空家じゃあ。笑えよぉ。すまんのぉ！」などと言う、大ホラ吹きの漫才コンビの「横山たかし・ひろし」でもない。

ところで、まったく関係のない話やけど、横山たかし・ひろしの師匠はタクシー運転手の天敵、横山やすしである。そのさらに師匠は、あの元大阪府知事の横山ノックさんなんやねぇ。よぉ考えたら、この師弟関係はものごっつい系統なんとちゃうやろか。

ウエちゃんのタクシー（通称・ウエタク！　工藤静香の旦那はキムタク！）に乗り込んできたお坊ちゃまは、年の頃なら三十歳ちょい、ひょっとしたら、もうちょっと行っているかもしれない。年齢不詳である。まぁ、大阪で俗によく言うところの「阿呆《あほ》ぼん」やねぇ。

お坊ちゃまは、ごっついこと高そうなスーツを身にまとい、なぜかバッタもんの手品師のような真っ赤な蝶ネクタイを締め、秘書と思われる細身で長身のナイスバディ、いかにも「私はキャリアウーマン！　フン！」というような鶯色《うぐいすいろ》のスーツとメガネがよく似合う美女をお供にしている。

お坊ちゃまは、ビジネスケースを美人秘書に持たせて、自分は右手にチョコレートとバニラの二色のソフトクリームを、左手にはフランクフルトが付いた棒をしっかりと握りしめている。どこから誰がどう見ても、ナニワの阿呆ぼん丸出しである。

先に乗り込んだ真っ赤な蝶ネクタイのお坊ちゃまに、

「おおきに！　どこまで行きまひょ。なかなか、えぇ蝶ネクタイでんなぁ。よぉ似合てますわぁ。そんな赤色が似合うのは、お客さんかポストぐらいでっせ！」

と誉めると、

「はぁん！　あんがとさぁ～ん！　今日はえぇ天気やなぁ。来年はタイガースが優勝やなぁ。アヘェ！」

と素晴らしい答えが返ってくる。

「ほぉ、来年はタイガースが優勝でっか！　ほんなら二位はやっぱりジャイアンツでっか？」

「はぁん！　何言うてんのぉ。二位はＰＬ学園に決まっとるやんかぁ。アヘェ！」

と、またまた直木賞もんの答えが返ってきた。

すかさず横に座った美人秘書が、

「大変失礼いたしました。Ｒホテルまでよろしくお願いいたします。申し訳ございません」

と言って、ウエちゃんとお坊ちゃまの楽しい会話を遮ろうとする。

「いえいえ、とんでもごじゃりません。大変失礼されました。Ｒホテルまででごじゃりますね。わかり申し受けましたでごじゃるでごじゃる」

と、ウエちゃんも突然の秘書の改まったセリフに緊張して神妙に答えてしまう。普段、畏《かしこ》まった会話とは無縁の生活をしていると、いざという時にこうなるのである。

それにしても、今日のお客様は大好きなタイプである。前にも書いたが、ウエちゃんは何を喋っているかわからない幼児や、ちょっと普通とは違う考え方の人や、普通とは違う道を歩いている人が、もぉ失神するぐらい大好きなのである。今になってやっと、あの赤松愛を見て失神していた女の子の気持ちがわかってきたのである（この話がわかる人、だいぶオッサンかオバハンでっせぇ！）。

お坊ちゃまの行き先は、名門老舗超高級のＲホテル。このホテルは大阪の財界人、政界人の御用達のホテルとして有名である。関西人は「ざいかい」と言うと漫才界を、「せいかい」

と言うと風俗業界をすぐ連想するが、こちらは正真正銘の本物の政財界のことで、数年前、東京から超一流と言われるT国ホテルとホテルNOータニという名門高級ホテルが進出してきたのに、「なんぼ、東京からえぇかっこして来てもアカンでぇ。何が一流やぁ！　アホくさぁ。ホテルゆぅたらやっぱりRホテルやでぇ。ほな、芋食うて、屁ぇこいて、寝よぉ！」とここでもまた東京もんにライバル意識を剝き出しにして抵抗していて、大政党のJ党やM党の大阪地区での政治集会などは、必ずこのホテルで行われる。

ソフトクリームを上から下へ、下から上へねぶり（舐め）たおしてゴムで首回りを留めた真っ赤な蝶ネクタイを引っ張ったり離したりしているお坊ちゃまの声が聞こえる。

「なぁなぁ、ボクちゃん次はどこへ行くのぉん？　アヘアヘアヘェ！」

「はい、Rホテルで会議でございます。副社長」

「ホテルにオムライスあるぅ？　アヘアヘェ！」

「ホテルのレストランに行けばございます。副社長」

「プリンとアイス付いてるかなぁ？　アヘアヘェ！」

（それは、お子様ランチやろぉ！　しゃぁけどなんでこいつが副社長なんや？　なんでやぁ）

「ほな、そこへ着くまでに早いことソフトとフランク食べとかなあかんなぁ。アヘアヘアヘェ！」

「副社長、大丈夫でございます。道がかなり渋滞しておりますので、ゆっくりお食べ下さい」

「あんがとぉ。ほんでなぁ、渋滞ゆぅ〜て、なんのこっちゃぁ？　アヘアヘアヘェ！」

ありゃまぁっ！　どぉもこいつ、正味の「阿呆ぼん」のようである。

吉本新喜劇や松竹新喜劇の舞台やテレビでは阿呆ぼんを見たことはあるが、まさか、こんな所で正味の阿呆ぼんと遭遇するとは……。ほんまにウエちゃん、今日この日までタクシー運転手をやっといて「よかったぁ！　幸せぇ〜やぁ！」と思う瞬間であった。

『阿呆ぼん』という、けったいな本がある。著者の森隆という名前を見ても聞いても誰もピンとけぇへんと思う。「それ一体誰やぁ！　そんな作家知らんでぇ。新人かぁ？　聞いたことあらへんわぁ！」というのが、ほとんどの人の感想とちゃうやろかぁ。「あぁ、あぁ、知ってるわぁ！　京都大学の、よぉテレビに出とる有名なセンセやぁ」という人もちゃう！　そのセンセは数学者で京都大学名誉教授の通称・一刀斎先生、森毅である。森隆と森毅。ほんまによぉ似ているが、これがまた全然ちゃううんやねぇ。

森隆は、もう世間ではほとんど忘れられてるようやけど、実はこの男、数年前テレビのニュースやワイドショーを毎日騒がせたんやね。父が元大阪府議会議員で母は大病院の病院長、本人はその病院の理事長をやってたんやけど、ヤクザ関係の博打で巨額の借金作ってしもぉて、それを返すために六億円保険金詐欺を計画、フィリピン・マニラで偽装殺人した……のがバレて一九九五年に逮捕。そして、自らの人生を阿呆ぼんと称して、子供の頃や一連の事件を振り返り、獄中で執筆、出版したのがこの本。自分の過去を隠すところなく書いてあるので、非常にオモロイのである。


「あの、あの、あのなぁ、アヘェ！　ボクちゃんホテル会議で何言うたらえぇのぉん？　なぁ〜んもわからへんでぇ。アヘアヘアヘェ！」

「副社長は黙っていて下さい。あちらに専務がいらっしゃいますので、すべて専務に喋っていただきますから、心配いりません。黙っていて下さい。よろしいですか？」

「はぁん、わかったわぁ。アヘアヘェ。おおきに、あんがとさぁん。アヘアヘアヘェ！」

(この副社長、ほんまに大丈夫かいなぁ。まぁ、しゃぁけど、やっぱりなぁ。こういう会社は専務がしっかりしとんねんなぁ。周りがしっかりしとるから、こいつが副社長できるねんなぁ。どっかの国のM前総理大臣と一緒やなぁ。よかったよかった！　安心、安心）……と考えているうちに、ウエちゃんのタクシーは無事ホテルに到着したのであります。

「副社長！　ホテルに到着いたしました。専務が玄関で、お出迎えにいらっしゃっています」

専務とは、どぉもこの阿呆ぼんの弟らしい。間の抜けたアホ顔が、なんとまぁそっくりなのである。

「兄ちゃん、兄ちゃん！　ここ、ここやでぇ！　遅かったなぁ。もぉ、ずうっと、ここで待っとたんやでぇ。ほなオムライス食べに行こかぁ。アヘアヘアヘェ！」

ひぃぇ～！　一体どないなっとんねん、この会社はぁ！

みなさんの周りにもこんな阿呆ぼんは、いてはりませんか？　いてるでしょう一人ぐらい。

ぜひ、ご連絡下さい。

ウエちゃん、タクシー運転手になる

ウエちゃんは時々タクシー乗務の合間に、どこかの歌の文句のような哀しい色をした大阪港の真っ黒い海に沈む夕日を見ながら、

「しゃぁけどぉ……なぁんでタクシー運転手なんかになってしもぉ～たんやろかぁ？」

と考えることがある。明石海峡の向こうに沈んでいく真っ赤な夕日と茜色《あかねいろ》に染まった六甲山の空に向かって、

「世間のバカヤロー～！」

と大声で叫ぶことなんかぁ……そんなんあるわけおまへんわなぁ！

わっはっはっ！　ポテチン！

ウエちゃんの仕事のホームグラウンドは、大阪市は西部の大阪湾沿いにある住之江区、大正区、港区、此花区とその周辺である。大阪でもめっちゃ、マイナーなトコやさかいにぃ

……知ってはりますやろかぁ？

最近ではベイエリアとか呼ばれ、大阪もんの観光情報誌などでもてはやされていて、そんな本を見てみると品行方正安寧秩序を絵に描いたような、レンガ造りの倉庫街が並ぶエキゾチックな街のよう。写真をうまいこと撮りはるわぁ。あれぇ、詐欺でっせぇ！　ホンマに。紹介文を読んどったらぁ、なぁんかぁ、オイドがこそばぁーなってきよるんです！　ほんでも実際にこの街に住んでみたら、そこはもぉ誰がどぉ見たかて大阪バイスである。ほんでもって大阪屈指のコテコテの人たちが暮らしてはる、コテコテの街なんやねぇ。

大阪で屈指ということはでっせぇ、全国的に見たかてかなりのハイレベルであることはもぉ、間違いない。昼間この街をタクシーで流してたら、コテコテの街のコテコテのオバはんがキモ（ホルモン）の串を口に咥《くわ》えながら、タコ焼きを頬張りながら、大根やネギを片手に乗ってくるという、いやいやほんまにぃ、庶民的な街である！

「運ちゃん！　どっか他に行くトコあらへんのかいなぁ？」

とオバはんは人の体調も知らんと、ずけずけと聞いてくる。

「はぁ〜？」

と答えると、

「昼間やのにやでぇ、なんでこんな大阪の端で仕事をしてんのよぉ？」

と人の仕事の心配までしてくれている。

「いやぁ〜、えらぃすんまへん！　市内の大渋滞が苦手なぁんですわぁ」

大阪のオバはんは、タクシーに乗ると、必ず決まって前列の運転席と助手席の間から顔を突き出し、安もんの化粧品の臭いをプンプンさせながら、さっき食べたレバニラ炒めのことなんかはすっかり忘れて、唾を飛ばしながら大声で話しかけてくる。

「へぇ！　ほんなら運ちゃんは梅田や淀屋橋や本町の方へは行かへんのかいなぁ？」

「はぁ、ワイ腸が弱いさかいにぃ一年中下痢気味でんねん！」

「そらぁ、アカンなぁ！　腹巻ぃしてるかぁ？」

「しゃぁから、便所が気になって気になってぇ、渋滞の中へよぉ入っていけまへんねん！」

「しゃぁけど、あっちに行ったら客がぎょぉーさんことといてるんとちゃうのん？」

「いやぁ、ホンマにそぉでんねんけどねぇ……。オイドがぁ……！」

「難儀な運転手やなぁ！」

「あっ！　あぁ〜、アカン！　出るぅ！」

大阪の梅田（大阪駅周辺）や淀屋橋、本町からナンバにかけての御堂筋、四ツ橋筋、堺筋沿いは大阪一、いやいや西日本一のビジネス街で、「なんでこんなに会社があんねやろぉ？」

と感心するほどオフィスビルが立ち並んでいる。有名大企業の本社や大金融機関の本店、全国の地方銀行の支店もみんなこの一帯に集中しているから、当然、オフィス間の移動の足代わりに流しのタクシーの需要が非常に多い街である。

確かにタクシーの需要は多いねんけどねぇ。

そぉ、あれはいつのことやったやろかぁ？　タクシー運転手になってまだ一、二年ぐらい、大阪でＡＰＥＣと言われるなんか訳のわからん大きな国際会議が始まるちょっと前の頃やった。

本町にある某巨大商社の本社ビルの前から、その商社に勤務する若い営業担当者が二人、エラソーな物言いでウエちゃんのタクシーに乗り込んできたんやねぇ。

「オイッ、運ちゃん！　ウチの会社のチケット（タクシー券）は使えるやろぉ？」

「さぁ？　どないでっしゃろぉなぁ？」

会社などで上司から毎日のように叱咤《しった》されているビジネスマンたちは、そのストレスが溜まりに溜まって、自分の職業より地位が低いと思っているタクシーに乗り込んでくると、普段からの社会生活のストレスの捌《は》け口として、タクシー運転手に対し、「オイッ！　コラッ！」的な暴言を吐くのが日常茶飯事である。タクシー運転手を長年やっていると、タクシーに乗ってくる客の口のきよう一つで、その客の社会的立場や頭の程度がわかるものなのである。

「お前アホか！　何考えとんねん！　ボケとんのとちゃうんけぇ！」

「はぁ？」

「うちは超総合商社のほにゃららやでぇ！」

「はぁー、ほんでぇ？」

「世界を股にかけてミサイルから即席ラーメンまで何でも売ってんねんでぇ！」

と自分とは全然関係のない会社の業績を自慢したがるのも、出来の悪い営業マンの特徴なのである。

「すんまへん。それとタクシー券がどぉいう関係なんでっかぁ、お客さん？」

「アホかぁ！　くそ運転手！　もうえぇわい！　降りる！」

とウエちゃんはこの小便商社マンにくそ運転手と言われてしまいましてん！

ううぅぅぅ！　悲しぃ！

今では、タクシー運転手として人間として修行を積んだ身なのでなぁんとも思わへんけど、当時は悔しゅうて悔しゅうて、お腹がゴロゴロ鳴ってあと一歩でチビリそうになったのである。

その数日後、またまた本町の某大都市銀行の前から仕事帰りらしき客三人を乗せた。

明日の日本を背負って立つ日本最高峰とも言える某都市銀行の銀行マンさんたちは、仕事帰りにミナミは道頓堀へてっちり（フグちり）を食べに行くらしい。

ほんまに大阪人はてっちりが好っきゃねぇ。夏でも冬でも春でも秋でもてっちりである。大阪人は何かでみんなが集まると必ずてっちりか焼き肉かお好み焼きになってしまう。他に食べるもんあらへんのやろかねぇ？

「運ちゃん！　どない？」

「ぼちぼちでんなぁ！」

大阪では客から「どない？」とか「儲かりまっかぁ？」とよく聞かれる。これを意訳すると「こんにちは！」ということになって、これに対して「ぼちぼちでんなぁ！」と答えるのが普通であるが、これは「こちらこそ、こんにちは！」という意味になる。

「もうすぐＡＰＥＣやけど忙しい？」

「あきまへんなぁ！　街中が厳戒態勢に入ってるさかいに検問が多て困ってまんねん！」

「ほんまやなぁ、運ちゃん！　ＡＰＥＣなんか早いこと終わってもらわんとなぁ！　商売にならへんなぁ？」

「ほんまですなぁ！　お客さん」

「しゃぁけどワイらＡＰＥＣ、ＡＰＥＣ言うてるけど、一体何の略なんやろなぁ？　お前ら知っとるけぇ？」

「さぁ？　知らん！」

「オレもわからんわぁ！」

と言いつつ、突然片手に持っていた夕刊のタブロイド紙を広げ、鼻歌まじりで読む振りを始めてしまった。どうも残り二人の客もＡＰＥＣが何の略なのかわからない様子である。

「タクシーの運ちゃんがそんなん知っとるわけないわなぁ？　なぁっ、運ちゃん！」

普通こういう展開の場合には、知らんフリをするのがプロのタクシー運転手なんやけどねぇ。

これが黒塗りハイヤーの運転手なら何を聞かれても、

「さぁ～、知りまへんなぁ！」

「全然、わかりまへんなぁ！」

で話を誤魔化すものなのである。しゃぁけどまだこの時のウエちゃん、タクシー運転手として青かったんやねぇ。あろうことか一言二言余計なことを言ってしまった！

「ははは っ！　知ってまっせぇ！　がっはっは、簡単簡単！　常識常識！」

「嘘こけぇ！　タクシー運転手なんかがそんなん知っとるわけあらへんがなぁ」

「ほんなら言いまひょかぁ？　お客さん！」

「なんやてぇ！　言うてみぃ、こらぁ！」

と連れの男たちもタブロイド紙でウエちゃんの座席シートを叩いてウエちゃんに迫る。

「エイジア・パシフィック・エコノミック・コオペレーションの略でんがなぁ、お客さん！

こんなことも知りまへんのかぁ？」

「………」

「明日の日本を背負う都市銀行の行員さんがぁ！　ひっひっひっ。大笑いでんなぁ！」

「………」

「ん…？　なんでっかぁ、お客さん？　静かんなってしもうて」

「オモロないのぉ！　運ちゃん。ワレェ、どこのタクシーやぁ？」

「えっ？」

「なんでワイらみたいな国際派のエリート銀行員が知らんことをやぁなぁ、お前みたいな小汚いタクシー運転手が知っとんねん！」

「はぁ～？」

「なんやねん！　このタクシーはひょっとしてぇインテリタクシーかぁ？　ほぉ～、乗りづらいのぉ！　なぁんで客が気を遣こぉてタクシーに乗らなあかんねん？　最近のタクシーも難しぃなったのぉ！」

あぁー、仕方がない！　ここはもう、謝るしかないのである。

「エライ、スンマヘン」

「ひょっとしたら、大学を出とる学士運転手やぁ……ゆぅて言うんとちゃうかぁ？　この水虫運転手！」

水虫運転手と本当のことをアカの他人に言われてウエちゃんもちょっとだけ頭に来た。もう、こうなったら反撃である。

「お客さん！　エライすんまへんなぁ。出てまんねん！　河内の駅弁大学ですねんけど出てまんねん！　一応ワイ学士でんねん。えらい、すんまへんなぁ！」

「ぬぁにぃ〜！　学士ぃ！　タクシー運転手のくせにエラソーにぃ」

とタクシー運転手のくせに、の「くせに」という言い方が引っかかる。この言い回しは自分より相手をはるかに見下げている時に使う言葉である。ウエちゃんも、ちょっとやったろかぁ！　という気になったが、ここは我慢我慢なんやねぇ。

「しゃぁから、すんまへん言うてまんがなぁ！」

「おのれらぁ、黙って前向いて運転しとったらえぇねん！　いちいち喋るなぁ！　ボケェ！」

「聞いてきたんお客さんの方からでんがなぁ。もぉ、かなわんなぁ！」

「しゃぁから流しのヤカラタクシーは嫌いやねん！」

「そぉでっかぁ！　それやったら車をハイヤーに代えはったらどないでっかぁ？」

ともうこうなったらお互いに売り言葉に買い言葉の応酬合戦である。

「おい、降りるでぇ。口数の少ない品のえぇ静かなハイヤーを呼んで行くでぇ！」

ととうとう某都市銀行の行員さんたちは怒って降りて行ってしまった。

ウエちゃん、なぁんかぁ悪い事でも言うたんやろかねぇ？

確かに今のこの大不況、仕事が全然あらへんので、大卒どころか修士課程を出た人材までもがタクシー運転手に転向する時代になってきた。しゃぁけど、ほんの四、五年前までは大卒のタクシー運転手なんかは、めっちゃ珍しいことやったんやねぇ。

実はウエちゃん、タクシー運転手になる前は河内の駅弁大学を出て十六年間、旅行業界に身を置いていた。三十歳を前にしてボロボロに体調を崩し、肉体的にも精神的にもハードな旅行業界では無理があるちゅうことで、のんびりと仕事ができる船場の某繊維業界に一年間ほど身を置いていた時期もあるのだが、青春時代のほとんどを旅行業界の営業マン生活で過ごしたわけで、今から考えたら貴重な時間と脳味噌の浪費が、ごっついこと勿体なかったと悔やむばかりである。

旅行屋という商売をしているとパスポートやビザの代理申請などで、色々な人の個人情報を扱う機会が異常に非常に多い。しゃぁから、見たらアカン、知ってはいけない他人のプライバシーが自分の意思に関係なく見えてくるんやねぇ。

時はまさにソウルオリンピックが終わり、バブル経済の絶好調の時代に入っていた頃である。猫も杓子《しゃくし》も海外旅行へ行く時代がやって来ていた。実際には猫や杓子がパスポートを持って、

「ほなタマねぇさんにコテツにぃさん、ぼちぼち行きまひょかぁ？」

などと言いながら出国審査を受けたという話は一回も聞いたことはあらへんねんけどねぇ。

ウエちゃんが営業マンをやっていた旅行会社でも、色々な会社や地域のグループの海外旅行を手配する仕事がバブル景気に乗って次から次へと舞い込んできた。ウエちゃんの素晴らしい性格が幸いして（ほんまやでぇ！）、客が客を呼びマルチ商法かネズミ講のようにどんどん増えていったんやねぇ。今考えると、あの時に蒲団《ふとん》や消火器や浄水器、紙切れだけのダイヤモンドやリゾート会員権を売っていたらさぞ大儲けしたに違いない。ホンマに惜しいことをしましたわぁ。

そんなある日、ウエちゃんは頭の中で白熱電球がボッ！……と点灯して、とんでもない事実に気がついたのである。

大阪で企業の慰安旅行などの海外旅行の団体手配をすると、必ず二、三人は国籍の問題や社会生活における諸事情で海外に渡航できない人がいる。中には自分は大丈夫やと思って旅行先の国に行き、さぁ入国審査という段階で入国拒否に遭い、乗ってきた飛行機で一人寂しく通常の運賃を支払い、泣きながら折り返し帰国する人もいた。

そんなこんなを見聞きしているうちに頭の中で白熱電球が光ったのである。

「ほんならぁ、海外旅行へ行かれへん人はどないしてるんやろぉ？」

「海外へ行かれへん人たちはどぉ思てはるんやろぉ？」

「そぉやぁ！　海外の気分が味わえる国内旅行やぁ！　リゾートやぁ！　青い空にエメラルドグリーンの珊瑚礁の海やでぇ！」

「これで海外旅行がでけへん人間がおる会社の団体旅行を攻めたらぁ絶対に食い付きよるでぇ！」

もぉ、大笑いやねぇ。予想は見事に的中しましてん。

ウエちゃんは独特の営業スタイルで、

「海外気分が味わえる常夏（大嘘！）の沖縄へ、慰安旅行に行きまへんかぁ？」

と、ちょっと小便をチビリそぉな恐ろしい職場や民族系の団体にセールスの足を運んだのである。当時は沖縄への旅行は個人で行くもので、団体旅行なんかで行くなんて、ましてや職場の慰安旅行で行くなんて誰も考えもしていなかったんやねぇ。

当然、飛び込んだ先では、

「われぇ！　なぁんじゃぁい、こらぁ！」

とまだこちらが何も言っていないのに、最初から喧嘩腰。

「ははは っ！　旅行屋のウエちゃんでございます。ははは っ！　イヤイヤ社長、ちょっとお時間を……」

「旅行屋がどないしたんじゃぁ、ワレェ！　絞めたろかぁ？　ワレェー！」

「こちらの会社の慰安旅行、海外旅行などは……？　ハワイとかグァムとか？　ははは っ！」

と海外旅行ができない人が沢山いるはずであると見極めたら、わざと最初に海外旅行のセールスから入るのがウエちゃんの作戦である。

「なぁにぬかしとんじゃぁ！　ここをどこや思とんじゃぁ！　刺したろかぁ、ワレェ！」

「いやいや失礼いたしました。ははは っ！　それでは、海外旅行気分が満喫できる沖縄なんかどうでっかぁ？　若い衆も喜びまっせぇ！　ははは っ！　三月やけどゴルフも、もぉ半袖でできまっせぇ！　ははは っ！」

「ほんまかぁ？」

「はぁい、パスポートもビザも要りまへん！　出国審査も入国審査も再入国審査もおまへん！　ましてや強制退去なぁんか絶対におまへんでぇ〜！　どぉ〜でっかぁ？　ははは　っ！」

　とここまで話が進むと沖縄の珊瑚礁の西海岸沿いには豪華なリゾートホテルが立ち並び、ホノルルのワイキキビーチかオーストラリアのゴールドコーストかというようなことを言い放つ。

　ましてや出入国審査がないというのが、脛《すね》に傷を持つ人の心にズシンと響く殺し文句。

「おいおい、兄ちゃん！　こっち来てぇ、詳しい話をもっと聞かさんかぁい」

「へぇ、おおきにぃ！」

「どやぁ、兄ちゃん！　元気が出る注射一本打って帰るかぁ？　ワレェ！」

「ははは っ！　ビタミン注射でっかぁ？」

　バブル時代、沖縄のゴルフ場は、本土から大挙押し寄せてきた半袖のポロシャツなんか一生着ることができない、ましてや大浴場へは入られへん紳士たちで連日埋め尽くされていたのである。

　類は友を呼ぶ、友は類を呼ぶとは、まさにこのことである。

あぁ、恐わぁ！　ホンマにチビリそぉ〜やねぇ。

しかし、どうやってこのような怪しい会社を探し出すのか？　不思議に思う人も沢山いてはると思いますが、そんなもんいたって簡単。

可愛いらしい名前の会社を選んでセールスをかけるのです。

大体、恐い人や怪しげな人物が集まっている会社というのはなぜか「チューリップ」「ひまわり」「トマト」「すみれ」「イチゴ」「ぞうさん」「くまさん」などと幼稚園の年長組さんのような、いたって可愛い会社名が付いてるから一目でわかるんやねぇ。

あなたの周りにもあるでしょう？　ほらっ！　ねっ！


そうこうするうちに、ウエちゃんはいつの間にか沖縄方面の専門手配師として、自分自身では気がつかないうちにそのへんの業界でちょっとした有名人になってしもぉたんですわ。

今ではなんも珍しくなくなった国内の格安航空券やけど、当時はそんな格安航空券の存在を口にすることすらタブーやった。そういう時代に、日本で初めて公に大阪・沖縄間の団体航空券の売れ残りを個人向けに片道九千円で売り出したのが、このウエちゃんなのである！

はははっ！　とうとう言うたったぁ！　文句あるかぁ？　○日空！

ではどうやってその売れ残り航空券を手に入れたのか？

ウエちゃんが住む大阪市大正区という街はウチナーンチュ（沖縄人）の街で全国的にも有名な所。ウエちゃんが売り捌《さば》いていた、表向き（本当は裏で沢山出回っていたのだが！）日本初沖縄便の格安航空券入手元のターゲットは、大阪市大正区および関西在住の沖縄を往復するウチナーンチュだったのである。

なんとかウチナーンチュに安い料金で沖縄に往復してもらい、ウエちゃんも一人につき千円ほど儲けたろぉと思ぉたんやねぇ。

ははは っ！　仕入れ値段がバレバレやねぇ。文句あるかぁ？　○日空！

ところが、航空会社としては、こっそり越前屋と悪代官のよぉな裏取引が行われている事実に感づいてはいても、表舞台でタブーの格安航空券が世に出るというのは青天の霹靂《へきれき》だったらしい。ウエちゃんがこの沖縄便格安航空券の販売を大々的に宣伝をかまして売り出したところ、販売開始一週間でとある会社から強烈な圧力がかかり、あえなく販売中止に追い込まれて宣伝費も回収できずに大赤字を出して泣いて家に帰ったんを覚えている。

近年になってとある会社の関係者からこの時の経緯を聞くと、航空会社からの圧力だと思っていた販売中止命令が、本当は、沖縄に関係する某旅行会社の、

「沖縄便の航空券を表向きに安売りされたら、我々がウチナーンチュにこっそり売る裏の格安航空券が売れない！」

という航空会社やその関連会社に対する圧力だったらしいことがわかってきたのである。落ち着いてよぉ考えたら、横の連帯が強い沖縄の同胞の首を同胞が絞めていたんやねぇ。これまたホンマに恐ろしい話である。

さて、沖縄旅行の手配師として、色々な無理難題の注文を、国籍問題が壁になったり脛に傷を持っていたりして海外旅行に行きたくても行けないワケありの人たちから受けていたウエちゃんは、

「沖縄の難しいややこしい予約はウエちゃんに！」

「飛行機が満席でも担当者の首を絞めあげてでもなんとかする！」

「ホテルが満室でも支配人のケツの穴に指を突っ込んででも部屋を作る！」

とその関係の巷《ちまた》で、そして旅行業界で言われるようになっていた。

しゃぁけど本人は、当時まだ画面の性能が悪かった航空会社の予約端末を一日中覗いていたため、徐々に、気力、体力、知力の精神面が、その上視力までもが失せてきていたんですなぁ。

そして、最終的に旅行業界から去る思いを決定的にしたのは、正月三日の深夜に自宅でくつろいでいた時にかかってきた一本の電話。その電話の主は叔母であったわけやねぇ。

「まいどぉ！　ウチなんやけどねぇ！」

と開口一番突然である。

「どないしたん、こんな夜中に？」

「取れんへんのよぉ！　取れへんのっ！」

「ケツのイボがかいなぁ？」

「なんでオイドのイボであんたに電話せなぁアカンのよぉ！」

叔母との電話はいつも、こんなしょ〜もない話から始まる。この程度のボケとツッコミがないと、関西人は親戚であっても、まともに相手をしてくれないものである。

「今度なぁ、十人ほどでなぁ、札幌の雪まつりに行きたいんやけどなぁ？」

と無茶なことを言い出した。さっぽろ雪まつり期間の旅行は一年前から頼んでいても簡単に取れるものではない。大体ゴールデンウィークやお盆期間、それに年末年始の沖縄と北海道、特に北海道でも雪まつり期間の札幌へ旅行ができるのは、許認可関係で旅行業界に関係する管轄省庁の関連の人、儲からないことがわかっている旅行会社へ莫大な融資をしている金融関連のごく限られた人たちとその家族の予約が最優先、と相場が決まっているのである。それをこの時期になって言い出すとは、やっぱり知らん人は恐いもんなしやねぇ。

「ははは
っ！　そらぁ、今頃から言うても無理やでぇ、叔母ちゃん！」

「そぉやろぉ、飛行機が取れへんのよぉ！　なんとかしてくれへん？」

くれへんと言われても、そんな無理難題、困るのである。ウエちゃんが毎日毎日苦労して座席を確保しているのは大阪と沖縄の航空路線で、まるきり逆方向である。こんなもん高級フランス料理店に入って、おんなじ料理屋やからできるやろ、と言って素うどんを注文するような無茶苦茶な話である。

「そこをなんとかしたりぃなぁ」

と叔母は強引にしつこく、市場のオッサンに大根を値切るようにウエちゃんを攻めたててくる。

「正月からそんなん言われてもなぁ！　叔母ちゃん」

「お金やったらなんぼでも出すでぇ。あんたの大好きな銭やでぇ！　なんとかしたりぃなぁ！」

とあげくのはてには人の心をくすぐるようなことを言うではあ〜りませんか。

はっきり申し上げてウエちゃんは、山吹色に輝くカステイラが大好きなのであります。

がっはっはっ！　お主も悪よのぉ〜！

「叔母ちゃん！　ホンマに金はなんぼでも出るのん？」

「出すでぇ！　心配はいらんでぇ。ウチにまかしときぃ！」

今までの客で金をナンボでも出すと言って、本当に出した客はいないのでありますが……。

「ははは っ！　それではこのウエちゃんが全責任を持ってお引き受けしましょ〜！」

「あんた、子供の時から変わらへんねぇ。金の話になったら金だけに現金なんやからぁ！」

「ははは っ！　このウエちゃんに、まっかぁせぇなぁさぁーい！　がっはっはっ！」

とウエちゃんはいつものように、お金の話になるとコロッと態度を豹変させたのであります。

なかなか正直な性格ではあ〜りませんかぁ！

「叔母ちゃん！　福岡や名古屋や羽田発着、最悪、仙台発着でもえぇんかいなぁ？」

「かまへん！　かまへん！　新幹線で行くがなぁ」

「よっしゃぁ！　ほんならぁ、函館を経由して札幌の丘珠《おかだま》空港着でもよかったら、なんとかするでぇ！　どない？」

「もぉ、どこを経由してもえぇでぇ！　憧れの札幌の雪まつりに行けるんやったらぁ」

「ほんなら大阪からホノルルへ行って札幌でもかまへんかぁ？」

「かまへん！　かまへん！　どこでも行くでぇ！　がっはっは！」

ということで正月三日の深夜にウエちゃんは職場に出向いて、予約端末や電話に向かい色々と操作して、山吹色のカステイラをお裾分けし裏工作をしたのであります。

その結果見事、大阪発着の千歳直行便を、早朝六時という、まあ出発時間に多少の問題があることはあるんやけども、希望の日で押さえることができたのである。これを聞いた叔母は勿論のこと大喜び！　もうほとんど諦めていた札幌の雪まつりに行けるんやから当然やねぇ。

さてさて、それから一週間ぐらいしてやったやろかぁ？

大阪は毎年恒例の十日戎《えびす》の寒い小雪まじりの夜のことである。

「あぁ、私やぁ！　あんたの叔母さん。美人の叔母さんやぁ。がっはっはっ！」

と叔母が入れ歯がはずれそうなくらいの大笑いをしながら電話してきた。

「なんやのん？　もうこれ以上の人数の追加なんかは絶対にアカンでぇ！」

と言うと、

「ちゃうねん！　ちゃうねん！　わっはっはっ！」

と明るく答えてきた。

「何が、ちゃうのん？」

「あの雪まつりの航空券なぁ、あれぇ、もぉええわぁ、キャンセル！　わっはっはっ！」

「なんでぇ？」

「ほなぁウチ、芋食ぅて、屁ぇこいて寝るわぁ！（ガチャッ！）」

「はぁー？　キャンセルぅー！」

旅行業務というのは取り消しや変更は付きもん。しゃぁけど、長～い付き合いの、ウエちゃんが子供の頃からよぉく知っている、だからこそ（金ならなんぼでも出すと言ったとゆぅ事情は確かにあったけどね！）手づる足づるやらテクニックやらを色々に使って苦労してせっかく取ったチケットを、親戚の叔母からさえも、簡単に大笑いされ屁ぇをこかれてキャンセルされるなんて、こんな商売あんまりに因果ちゅうもん違うかぁ。やる気なんかどこかへ行ってしまうっちゅうもんですわぁ。

これをきっかけにウエちゃんは、旅行業界に対して精も根も尽き果ててしまい、十六年間もいた旅行業界から足を洗う決心があっさりとついたのである。まぁ、あれだけ頑張ってた仕事も憑《つ》きもんが落ちたように醒《さ》めてしまった、ということだろう。

旅行業界から身を退《ひ》いて何カ月が経ったやろかぁ？

ウエちゃんは毎日毎日、なんぼやってもパチンコ屋が勝ってしまう自称パチプロをやりながらブラブラと遠山の金さんのような遊び人を謳歌《おうか》してたんですわぁ。しゃぁけど、そのうち、あの鷲鼻《わしばな》の浅黒い肌の中近東系の顔をした嫁はんが怒り出したんですなぁ！

「ちょっと！　あんたなぁ、えぇかげんにしてやぁ！」

と嫁はんは凄い剣幕である。

「はぁ〜、何がぁ？」

と鼻くそをほじりながら、うどんの丼鉢片手にパチンコ攻略本を読みふけるウエちゃんは聞いた。

「私らぁ毎日、霞《かすみ》を食べて生きていかなアカンのぉ？」

「えぇがなぁ！　ダイエットにはもってこいの生活やんけぇ」

「そろそろ仕事をする気はあらへんのかいな、ゆぅ〜て聞いてんのやぁっ！（ドン！）」

「まぁ、そないに怒りないなぁ。神経いわして便秘になるでぇ！」

「もう便秘やぁっ！（ドン！）」

言うが早いか片手に持っていた、昔懐かしい、あの五つ玉のソロバンでウエちゃんを追い回し始めたのである。

「しゃぁけどなぁ、もう頭使う仕事はしんどいしなぁ……。かと言うてやでぇ、これという資格は運転免許以外にはあらへんしなぁ！　力仕事はしんどいやろぉ？　ほんまこのまま一生遊んで暮らしたいのぉ〜！」

ソロバンから逃げながら勝手なことを言っていると、嫁さんはいよいよ本気で怒り出した。

「あんなぁ、小学四年生を頭に、子供が三人もおんねんでぇ！　三人も……！　えぇ〜、どないすんの？」

「そんなん言うたかて、適当なえぇ仕事があらへんやんかぁ？」

「どんな仕事やったらえぇんかいなぁ、オッサン！　ちょっと、聞かせてもらいまひょ！」

「そぉやなぁ、朝は十一時頃から出ていって昼メシ食べてやでぇ、二時間ほど昼寝があってやでぇ、夕方の四時頃には仕事が終わって残業は一切なしがえぇなぁ！」

「ほんで？」

「一週間に必ず三日は休みがあってやでぇ、給料はそんな贅沢言わへんよってに手取りで五十万円くらいあったら文句なんか全然あらへんなぁ！　こんなんでどない？」

「オッサン、アホかぁ!?　イカ焼き耳から食べて死ねぇ！」

「カアちゃん、堪忍！」

などと、しばらくは夫婦漫才の見本のような毎日を繰り返していたのである。

ところがある日、色黒の鷲鼻の嫁はんがウエちゃんに向かって微笑みかけるではあ〜りませんかぁ！　なんとなく嫌な予感……（ドキドキ……）。

「あんたぁ、どっかでタクシー運転手したらどない？」

とびっくりするようなことを唐突に言い出した。

「タクシー運転手なんか嫌やでぇ！　毎晩、酔っ払いや極道の相手をせなアカンのやろぉ？」

「それがどないしたん？　きれいなねぇちゃんも乗ってくるんやでぇ。それもわざわざやでぇ、あっちが金を払ろぉて乗ってきてくれはんねんでぇ！」

「ほんまやなぁ！　えぇかもしれんなぁ？　ひひひっ！（助平笑い）」

「あんたぁ、金と女と食べもんの話になったら乗ってくるなぁ？　ほんまぁにぃ、えぇ性格してるわぁ！」

昔から金と女と食べもんの話になったら性格がコロッと変わるのが、ウエちゃんの最大の魅力なんやねぇ。

「あんたあんなぁ、十年ぐらい我慢してなぁ個人タクシーしたらえぇやんかぁ？」

「個人タクシーぃ？」

「うちのお父ちゃん、もぉ歳やんかぁ。しゃぁから、あと十年で引退してもろぉてなぁ、あんたがぁ、個人タクシーの免許を譲渡してもろたらえぇねん！」

そうなんですわぁ！　嫁はんにそっくりの鷲鼻で、中近東の砂漠のオアシスで日本人観光客を騙す詐欺師のよぉな顔をした嫁はんの父君は、なんと都合のよいことに個人タクシーの運転手をしていたのであります。

「免許の譲渡？　そんなんできるんかいなぁ？」

半信半疑で聞くと嫁ハンは五つ玉のソロバン片手に、

「譲渡は新免許より簡単やねん！　譲渡試験も簡単やしなぁ。そぉ〜しぃ。それがえぇわぁ！」

といとも簡単に言いよる。

「ほんまかいなぁ？」

「譲渡金なぁ、あれ要らんわぁ！　お父ちゃんに言うとくさかいにぃ！」

「譲渡金？　なんやねんそれぇ」

「相撲で言う親方株みたいなもんやねぇ。ほれぇ、越中富山の売薬さんが引退しはる時に顧客名簿を次の人に譲渡して金を貰うやろぉ？　あれやんかぁ！　わかるぅ？」

「流石《さすが》やなぁ！　お前、色が黒いだけちゃうなぁ！　なかなか、ほんまによぉでけた嫁はんやぁ」

まさかこんな身近に、天然もんのてっちりのような美味しい話が転がっていようとは思いもよらなかった。こういった棚からボタ餅のような話には弱いウエちゃん。タクシー運転手になる話に俄然乗り気になってきた。

「あんたぁ、死亡譲渡ゆぅて知ってる？」

「死亡譲渡ぉ？　なんやねん一体！」

ソロバンを振り回しながら熱弁する嫁はんによれば、死亡譲渡とは、自分の親族関係にある人間が個人タクシーの権利を持ったまま死んだら、無条件に、簡単な試験と運輸局の面接を受けるだけでその権利がタクシー運転手をやってる親族に転がり込んでくるゆぅ便利な法律である、とのこと。

「へぇ〜お前、ホンマに何でも知ってんなぁ！」

この嫁はん、もう実の父親が死ぬ時の段取りを始めたようである。

ホンマ！　よぉでけた嫁ですわぁ。

「あんたがなぁ一時的になぁ、ウチの養子に入ったらえぇねん！」

「養子ぃ？」

「ほんでみんなで、白浜温泉か芦原温泉へ行こぉ！」

「白浜温泉に芦原温泉！　なんでやねん？」

「お父ちゃんにビールを飲ませてなぁ、三段壁か東尋坊《とうじんぼう》から突き落としたらえぇやんかぁ？」

「げっ！　お前、西村京太郎みたいな女やなぁ！」

「そうやねぇ！『南紀白浜・三段壁／北陸・東尋坊殺人事件（個人タクシー運転手転落の謎）』ゆぅのはどぉ？」

「いやぁ、奥さん！　参りましたぁ！」

（ワイの老後は大丈夫やろかぁ？　この嫁はんに殺されるんとちゃうやろかぁ？）

こんな嫁はんのしょぉもない浅はかな考えから、ウエちゃんは後年に天職になるとも知らず、いとも簡単にタクシー運転手になることを決意したんやねぇ。

この色の浅黒い、大阪のコテコテの下町娘の嫁はんと結婚した時からこんな運命になっていたとは、ほんまに不思議な縁《えにし》を感じまんなぁ。


タクシー運転手！

しゃぁけど、これがやってみたら変な客が毎日毎日入れ替わり立ち替わり乗ってきて、オモロイのなんのゆぅて、それはそれは想像を絶するオモロさなんですわぁ。

事実は小説より奇なりとはよぉ言うたもんで、タクシー運転手の毎日の波瀾万丈な生活がまさかモノを書く原動力になろうとは、この時点ではまだゆめゆめ思ってまへんわなぁ。

さぁ、早速近所の小汚い喫茶店に出向いてスポーツ新聞の求人募集広告を見てタクシー会社の選択である。タクシー会社の求人募集広告は不思議なことにどのスポーツ新聞を見ても、必ず助平記事の横に載ってるんやねぇ。あれなんでやろ？

スポーツ新聞の求人募集では色々なタクシー会社が、四畳半の部屋に二十畳ぐらいの大風呂敷を広げている。しゃぁけど、今までの旅行業界屈指と言われた営業マン（自称やけど……）としての経験と勘から、こういった大風呂敷の広告はほとんどがハッタリであると見てえぇんやねぇ。

で、色々なタクシー会社のハッタリ募集広告に目を通していたら、一つ小さな小さな控えめの求人広告が目に付いたんですわ。タクシー会社の求人募集広告の得意技卍固めの大風呂敷も広げていないし、金に困っているタクシー運転手の移籍を促すための、タクシー会社に慣例の入社祝金も二十万円と他社に比べてはるかに少額である。

この入社祝金というやつなんかは、

「入社祝金三十万円・貸付金七十万円・合計百万円迄無条件支給・保証人不要」

と低能丸出しの求人広告を打つ会社もありますねん。ホンマでっせぇ！

ウエちゃんは旅行業界時代に色々な会社へセールスの足を運んでいたから、人を見る目や会社を見る目は肥えているつもりでいる。なんといっても、嫁はん選びと会社選びのコツは控えめで謙虚なんが一番！

早々に左利きで書いたミミズ字の履歴書と免許証を持って、小さくて控えめな求人広告のタクシー会社へ面接に出かけてみた。面接の担当者は運輸関係の総責任者、後年、ウエちゃんに生々しすぎて書けない色々なタクシー業界ネタを教えてくれる、一度喋り出したらなかなか止まらない陣内部長《じんのうち》であった。

「これ、履歴書と免許証ですねんけど」

「あっそう！　ほな合格！」

と陣内部長は免許証を横目でチラッと見て、履歴書なんか裏返しのまま言うではないか！

タクシー会社というのは、運転手の過去の栄光や賞罰なんかは一切関係ない所なのである。

「えぇ〜っ！」

ということであっさりと採用が決まってしまい、この間、時間にして約一分という信じられない速さ。続いて、

「ほな明日からなぁ、ここの二種免許の養成所へ行ってくれへんかぁ」

と普通二種免許養成所の案内のコピーをウエちゃんに手渡すではありませんかぁ。

「えぇ〜っ！」

「日当は一日一万円出すさかいになぁ、合格するまでは会社に来んかてえぇでぇ！」

さらにこんなことを言う。日当一日一万円！　めっちゃ美味しい話である。

「えぇ〜っ！」

「まぁ、普通は一週間で合格すんねんけどなぁ！　日当は一カ月までは保証するさかいになあ、頑張ってやぁ！」

「ほんでぇ、新聞に書いとった入社祝金の二十万円はいつ貰えますのん？」

「あぁ、あれなぁ。給料日になぁ、毎月二万円ずつ十カ月払いやぁ！　がっはっはっ！」

と大笑いしよった！　なんとなく話が違う。

「ええ～っ？」

「一括払いがえぇんかぁ？」

「はい！　そりゃぁもぉ勿論ですわぁ。ひひひっ！」

「ほななぁ、十カ月後の給料日になぁ、二十万円の一括払いやぁ！　どやぁ、ええかぁ？」

「ええ～っ……（ガクッ！　失神！）」

小さく控えめな求人募集広告を出したタクシー会社でさえこんな状態なんやねぇ。他のタクシー会社がどんなに酷いかということが想像できますわなぁ。

面接から就職決定までたったの一分。しかし、この後、陣内部長のタクシー業界のうんちく話がなんと二時間も続いたのである！

その時、陣内部長から貧血を起こしそうになるぐらい何度も聞いたうんちく長話では、

「我が社は大正末期創業の大阪でも一番古い老舗のタクシー会社なんやでぇ！　エッヘン！」

だそぉですわ。さらに陣内部長は鼻を膨らませて、

「戦前はなぁ、アンタッチャブルの映画なんかに出てくるよぉなT型フォードで、大阪の街を颯爽《さっそう》と走り抜けてたんやぁ！」

と胸を張って言う。それがどないしたん？

というわけで、まぁちょっと、陣内部長の喋りすぎで倒れそぉやねんけど、この会社にお世話になることを決心したウエちゃんなのであった。

しゃぁけどこんなんで、ホンマえぇねんやろかぁねぇ？

免許証を持っていたら即採用！　本人の過去の賞罰なんか全然関係なし！　これが日本におけるタクシー業界への就職の現状なのである。しゃぁから時々、凶状持ちが出てくるんでんなぁ！　別になぁんも珍しいことはおまへん。


面接で採用が決まった翌日には、もうウエちゃんはタクシー会社から指定された普通二種免許取得養成学校へ強制的に送り込まれてたんですなぁ。

しゃぁけど、この免許取得養成学校に通うだけで一日一万円の日当の保証が一カ月間は確実に付いてくるんやさかいに、どんなことがあったかて我慢せなぁあきまへんわなぁ！　こんな楽な仕事は他にどこを探してもおまへんでぇ。ホンマにぃ。教習コースをタクシー仕様の車に乗って一日中グルグルグルグルグルと走っているだけで給料が保証されるのである。遊び人のウエちゃんもびっくりの仕事やねぇ。できたら一生日当を保証して教習してもらわれへんやろかぁ？

こんなもん一週間で簡単に免許を取ったら、誰が考えても、もったいない話である。最大一カ月間、日当一万円を貰えなくなるちょっと前まで「普通二種免許試験には絶対に落ちたんでぇ！　ひひひっ！」と考えるんは誰もが一緒ですわぁ。

もちろん入校当日、各タクシー会社から養成所に集合したワケありのヤカラもみんな同じ考えでやって来ていたのである。

「オイ、こらぁ！　そこのワレェ、太めのわれやぁ！　お前んとこは銭ナンボ出んねぇ～ん！　ワレェ！」

と突然、極道風のいかつい自然スキンヘッドの男がウエちゃんに聞いてきた。

「おのれぇ、誰にぃモノを言ぅとるんじゃぁ！　一カ月を上限に一日一万円じゃぁ！　それがぁどないしたんじゃぁい、こらぁ！　口の利き方に気ぃつけんかぁ～い！　おらぁ～、一発いわすどぉ！」

とウエちゃんが自然スキンヘッドの男を大声でかますと、

「ううぅぅ……うわぁーん！」

と突然、涙を溜めてしゃくりあげ出した。さっきまでの態度とはエライ変わりようである。

「おいおい、このガキィ、さいぜんまでエラソーにしてたのに、今度は泣き出したでぇ！　どないしたんじゃい？」

　とウエちゃんが優しくケツに蹴りを入れながら聞くと、

「ウチの会社、一日四千円でんねん。兄ぃさん！」

「兄ぃさん……!?」

「それも支給が二週間で打ち切りでんねん！　ううぅぅ」

「可哀想にのぉ！　おーっ、よちよち。一生懸命に頑張りやぁ！」

「うわぁ〜〜〜〜ん！　ヒックヒック……おおきにぃ！　兄ぃさん」

　こんな訳がわからんヤカラばっかりが集まった養成学校は、一日でも長く楽をして日当を貰おうとする近い未来のタクシー運転手の考えとは裏腹に、スパルタン真っ青、竹刀片手のスパルタ養成でめっちゃぁ厳しかったんですわぁ。

　教官のセンセもどぉも、生徒と一緒で間違いなくワケありの人間みたいなのである。

　噂に聞くところによると警察出身OBのよぉで、

「若い交通警察官、〝小指〟で失敗したみたいやでぇ！」

「チャカをヤクザに売ってもたらしいでぇ！」

「制服マニアに制服を通信販売して首になったんやてぇ！」

と色々な話がまことしやかに教習所内で囁《ささや》かれていた。

教官のセンセの言動や様子を傍で観察していたら、教習生を普通二種免許に合格させて一人ナンボの出来高契約を各タクシー会社と結んでいるようである。

この厳しいスパルタ二種免許養成学校への費用はもちろん全額タクシー会社持ち、しゃぁけど、途中で脱走したり、乗務後一年以内に退職した場合には養成費用全額を、入社祝金を貰った場合は祝金までをも会社に返さなアカンという、角兵衛獅子の獅子のよぉな雇用契約の念書を書かされていて、もぉ、ホンマ泣きそぉですわぁ！

入校の時に三十人前後はおったはずのさまざまな年齢のさまざまな胡散《うさん》臭い職業を経てやって来た教習生たちは、翌朝に一人消え、翌々朝には三人消えと、最終的に二種免許の試験当日には十人もいてへんかったんやねぇ。

それだけでどんなにつらく厳しい学校かは想像ができると思うけど、この警察ＯＢのスパルタ鬼教官の毎日毎日の口癖は、

「お前らはなぁ、二種免許が取れて初めて商売になんねんぞぉ！　わかっとるんかぁい、こらぁ！　クエッ、クエッ！」

「お前らが合格せぇへんことには、ワイもメシが食われへんのじゃぁ！　銭にならんのじゃぁ！　試験に落ちたら絞めるぞぉ、こらぁ！　クエッ、クエッ！」

という台詞で、竹刀片手に一日中教習生をビビらしてたんである。

その姿はまさにあの大ヒット漫画の『嗚呼!! 花の応援団』の青田《あおた》赤道《あかみち》そっくりやったねぇ。いやいや青田赤道と言うよりは、映画版に根性悪のアホ馬鹿先輩で登場する、なぎら健壱さんにそっくりやったんやねぇ。


毎日毎日が世間とはかけ離れた超異常的状態やったもんやから、みんなの心の中にはいつの間にか「こんなトコへ長いことおったら殺されるでぇ！　一日でも早いこと合格して娑婆に復帰せなぁアカンわぁ！」という考えがふつふつと湧いてくることになる。

早く合格させて心太《ところてん》のように次の教習生をドンドン受け入れ、ドンドン出さへんかったら銭にならへんと思う、似非なぎら健壱の考え通りに事は運んでいるようなのである。

この似非なぎら健壱は一週間後の普通二種免許の実技試験でも、

「こらぁ！　こいつら全員を合格にせぇへんかったらワレェ、オノレの夜の生活態度を新聞社に売るどぉ！　わかっとんかぁい、こらぁ！　クェッ、クエッ！」

と、担当試験官の現役警察官を会場の隅に引っ張り込んで脅しあげてたんやねぇ。

ホンマに恐いおっさんやぁ！

普通二種免許の実技試験が普通一種免許（みんなが持ってる免許やねぇ）と違うところは

唯一つ。プロの試験である以上、一回は許されても二回ミスをしたら不合格ということなんですわぁ。

一回しかミスが許されへん試験。もぉ小便チビリそぉな試験やったねぇ！

ウエちゃんも、そんなこんなを考えただけで緊張してしまい、坂道発進でクラッチペダルを踏みはずしてしもた。

車が一メートルほどズルズル〜と万有引力の法則に見事に従い下がってしもたんですなぁ。この時ばかりは、ニュートンと林檎《りんご》の木を恨みましたわなぁ。えらいもん発見しよってぇ！

「あちゃぁ！　えらいすんまへん」

ウエちゃんが諦め半分で言うと、

「どないしたん？　兄ちゃん！」

担当試験官が不思議そうな顔をして聞き返してきた。

「車が後ろへちょっとだけ下がりましたわぁ！　もぉ、これで終わりでんなぁ？」

と言うと、

「なんでやねん？」

とまたまた聞き返してくる。

「さっき直線コースでスピード違反もしたことやしぃ？」

とウエちゃんの方が不思議に思って聞いてみると、

「兄ちゃん！　なんのこっちゃぁ？」

と試験官はそっぽを向いて知らん顔をする。

「うっ？」

「わしゃぁ、なぁんも見てへんでぇ。知らんでぇ！」

「えっ？」

「なぁんかあったんかいなぁ？　しゃぁけど、今日はめっちゃぁええ天気やのぉ！」

「はぁ？　今日は雨でっせぇ！」

「…………」

似非なぎら健壱の脅しが効いたのかどうかはわからへんけど、ウエちゃん、自分でもわかるミスを五回ほどしてしまったにもかかわらず、なんとたった一回で難関と言われる普通二種免許試験に見事合格してしもたんですわぁ。わっはっはっ！　もぉ、大笑い！

この話は誰にも内緒でっせぇ！　みんなに言うたらあきまへんでぇ！

あの鬼教官のおかげなんやろかぁ？　これで似非なぎら健壱の生活もしばらくは安泰やろうなぁと、ふと試験場の端の汚い喫茶室に目をやると、その教官が、

「クェッ、クエッ！　クェー！」

と全員が無事合格したので安心したのか、週刊大衆の袋とじ写真グラビアを見ながら助平笑いを浮かべておりました。

やっぱり、世の中はなんでんかんでん金なんやねぇ！

大阪地区と東京地区では普通二種免許を取得したからと言って、あるいは他所の道府県で永年タクシー運転手をやっていたからと言っても、すぐにはタクシーに乗って商売をさせてはもらえまへん！

財団法人大阪（東京）タクシーセンター（通称・大タクセン）という所に出向いて適性検査を受け、二日ほど眠たい講義を寝ながら聞き、アホな運転手のことを案じて答えが最初からわかっている難しい大阪（東京）の地理試験に合格して、やっと乗務員証の交付を受けるという決まりになっている。

しかし最初から答えがわかっている難しい難しい地理試験でさえ、何回も不合格になる人間国宝級の運転手候補生がいてるのには、さすがのウエちゃんもビックリしました。参りましたぁ！

地理試験に落ちない限り、通常でこの間一週間ぐらい。もちろん、この近センの講習期間中も一日一万円の日当の支給！一生死ぬまで、このまんま講習期間でもえぇんやけどねぇ。

ホンマ。

近センは全国でもタクシー運転手の素行が悪いとされる東京と大阪にしかないんですわぁ。どぉも国土交通省の関連団体らしい。しかし、大阪や東京よりはるかに素行が悪い県はまだまだなんぼでもありますねんけどねぇ。ここの一番の目標は乗車拒否運転手の撲滅、不良運転手の追放等を厳しく取り締まってはるトコなはずなんやけど。近センの管轄区域から不良運転手を追放したら、その不良運転手はどこへ行きはるんやろねぇ？

それから、そんなんがあるのに、なんでいまだに乗車拒否運転手や不良運転手が大阪の繁華街の真ん中に堂々といるんやろかぁ？

近センは客や報道各社からの苦情や問い合わせに、

「そのような事実は一切確認できまへん！……なんて言うてるんやぁ！　ウエちゃん」

と親友の某全国紙の社会部遊軍記者から聞いたことがあるんですわぁ！　しゃぁけどウエちゃんを含めほとんどの運転手が毎日どっかで、ヤカラ不良運転手を見てまっせぇ。ほんまに不思議な話やねぇ！　近センの人たち視力が悪いんやと思いますわぁ。そぉせなぁ、あんなに堂々としゃぶり行為が横行してんのに見えへんわけがおまへんわなぁ。

ちなみに、しゃぶり（発音が訛《なま》って、ちゃぶりとも言う）行為というのは関西地区のタクシー業界用語で、車から降りて客に行き先を聞き、一万円未満の近距離客には蹴りを入れて乗車拒否をし、それ以上の長距離客だけを自分の車に引きずり込むあくどい営業のやり方のこと。なかには客や他社の運転手に対して暴力をふるう運転手もいる。客の財布の中身を〈しゃぶり〉尽くすというところから来ているらしい。

大阪や東京のタクシー運転手の乗務員証は、この近セン発行のものを使用することが義務付けられていて、他所の道府県のように会社が自前で作ることは一切禁止。ということは、日頃から素行に問題のある運転手は乗務員証の発行を止めたらえぇのにねぇ。

乗務員証の更新日は免許証の更新日と一緒なんですわぁ。しゃぁけど不思議にほとんど全員が更新してますぅ！　どないなってるんやろぉねぇ？

ちょっと前の深夜の出来事で、ウエちゃん、タクシー運転手と客が本気で殴り合いの喧嘩をしているのを目撃して仲裁したことがある。

まぁ、深夜のことやし、中には変な客が乗ってくることもあるっちゅうのは、ウエちゃん自身体験済みやけれど、様子を聞いたところでは、そうとも言い切れんよぉやった。何より、その時の蝶ネクタイをした百貨店のビアガーデンのボーイさんみたいな格好のタクシー運転手の態度が非常に悪かったので、翌日早々に近センに電話をしたんやねぇ。

「斯く斯く然然云々で、ほにゃらら交通の蝶ネクタイをした運転手が客を引きずり回して殴ってましたでぇ！　こんなん処分せなぁアカンのとちゃうのぉ？」

　とウエちゃんが怒って言うと、

「その殴り合いの喧嘩はタクシーの中でやってたんでっかぁ？」

　と近センの苦情処理の担当者は寝惚けたことを聞いてきた。

「アホかぁ！　殴り合いやから外に出てやっとったんに決まってるやんけぇ！」

　とウエちゃんが怒り心頭で言うと、

「あぁ、それやったら近センの管轄外やねぇ！」

　と他人事のように言う始末である。

「ぬぁにぃ！　管轄外ぃ？」

「そぉ、管轄外！　がっはっはっ！」

「なんでやねん！　タクシー運転手と客の殴り合いの喧嘩やろがぁ！　何考えとんねん！」

「タクシーの外での客との喧嘩は近センに言うてもろてもかないまへんなぁ。こっちは忙しいねんからぁ。往生しまっせぇ！」

「はぁ？」

「所轄の警察に言うてくれまへんかぁ？　ほな、サイナラ！（ガチャッ！）」

「おいっ、こらぁ！　ちょっと待ったらんかぁい！」

もぉ、こぉなったらタクシー近代化センターや運輸局、それに恐〜い国土交通省に全国のタクシー運転手の健全化をまかせてはおけまへん！　ウエちゃんが剣を持つ手をペンに代え（実際はパソコンなんやけどねぇ）、この世の悪に立ち向かいまひょ！　タクシー業界の正常化に努めまひょ！　文句あるんやったら、どっからでもかかってこぉんかぁ〜い！　わしゃぁ、日本拳法二段やでぇ！　通信教育やねんけどぉなぁ。

「あんたぁ！　もしホンマにかかってきたらどないすんのん？（嫁の声）」

「謝ったらええやんけぇ！　ごめんちゃぁ〜い……言うて。アカンかぁ？」

「アホくさぁ〜！　もぉ、あんたとはやっとれんわぁい！　このドロ亀ぇ！」と嫁の声。

「かあちゃん、堪忍！　ポテチン」

放蕩《ほうとう》坊主の隠し球

某月某日

今日は、夜の街が酔っ払いで溢れかえる忙しい週末の金曜日である。

さて、ウエちゃんのタクシーに、いつもの客待ち待機所で坊主が乗ってきた！

坊主と言っても、小学四年生が三人でランドセルを背たらって「運ちゃん！　北新地まで行ってやぁ。えぇ娘がおんねん。がっはっはっ！」と、乗ってきたわけではない。お寺の坊んさんが乗ってきたのである。関西で言うところの、お住《じゅ》っさんである。

坊んさんは、高そうな色をした衣を身にまとい、金ぴかに光る袈裟《けさ》をかけている。なぜか、銀色に光るジュラルミン製のアタッシェケースを持って。変な坊んさんである。

このジュラルミンのアタッシェは、よく街で、いかにも出来の悪そ～な営業マンが、「私は成績の悪い営業マンですょぉ～！　格好だけですょぉ～！」と言わんばかりに持っているやつである。こういう営業マンに限って、いつでもアホ丸出しの顔をして、人の迷惑などおかまいなく、携帯電話を持って大声で話をしている。

（なんや！　この坊んさん……）と思いながらお住っさんの手元を見ると、テレビの通販で安もんの腕時計を買ったらもう一つ腕時計が付いてきて、そのまたオマケに付いてくるような、大きな石の指輪を両手に三つもしている。

自転車で檀家回りをする血色の悪い痩せた坊んさんとは違い、この坊んさん、ウエちゃんより一回り大きい。ウエちゃんは身長百七十五センチ、体重八十二キロであるから、おそらくこの坊んさんは百キロぐらいはあるであろう。なんかテレビによく出ているタレント放蕩《ほうとう》坊主に似ている。

「ワイは毎日、血の滴り落ちる肉とワインと黒マグロの刺身を、腹いっぱい食べてまっせぇ！　馬刺し追加！」というような風貌である。

「運ちゃん！　すまんけど、キタのNホテルまで行ったたってぇ！」

「ほいほい、Nホテルでっか？　うっわぁっ、高級ホテルでんなぁ。今日は法事でっか？」

最近、大阪市内の超高級ホテルと言われる所が「お別れの会」とか「偲ぶ会」と称して、葬式や法事をするようになった。だから、結婚式の後に同じ会場で葬式が行われる場合もあるという。ホテル側としては、宴会場をフル稼働できるので、こんなありがたいことはないと伝え聞く。まぁ、結婚は人生の墓場と言うから、全然関係のない話でもないかもしれない。

「今日は葬礼《そうれい》かなんかでっか？」

「アホか。なんでやねん、運ちゃん。この格好を、よぉ〜見てみぃやぁ」

「はぁ〜？」

「一張羅のよそいきやでぇ。わからへんかぁ？　ごっうカッコえぇやろぉ、運ちゃん？」

「はぁ〜？？」

「運ちゃん、さっきから『はぁ〜？』ばっかりやなぁ。せいないなぁ」

そんなん言われても、こんな派手な衣装を着けた坊主を乗せたのは初めてなのである。途中で「足の裏を見せてみぃ〜！」と言われるのではないかと内心ドキドキしている。

「お住っさん、法事か葬礼とちゃいますのん？」

「なんでやねん！　見てわからんかぁ、見てぇ！」

「さぁ〜……？　ひょっとしたら結婚式でっか？」

「アホか！　きょうびなぁ、仏前結婚する奴はおれへんでぇ。ワイでも教会でやったんやから」

「えっ〜！　教会でぇ〜！」

ルームミラーをもう一度見直しても、後ろに乗っている客は間違いなく坊んさんである。坊主と言えば仏教徒のはずなのだが、最近、変わったん？

「お前、大きい声やのぉ。これ、内緒やでぇ〜。本山にばれたら破門やからなぁ。しゃあないねん、嫁はんがど〜しても教会でしたい言うからなぁ。内緒でグァムでやったんやぁ。三泊四日で。秘密やでぇ、運ちゃん」

「しゃぁけど、宗教が……。お住っさんはえぇかもしれへんけど、イエスはんはよろしいんでっか？」

「そんなもん関係あらへんわい。グァムの教会かて観光教会やんけぇ。金、払ろぉたら誰でもかまへんねん。外国で結婚式する日本人、何人がクリスチャンやぁ？　ほとんどが仏教徒やでぇ。グァムの神父かてあれ絶対にアルバイトやでぇ。えぇねん、雰囲気やねん。外国。珊瑚礁。教会。神父。えぇ雰囲気やろぉ。これだけ揃うたらこっちかてあっちかて何でもえぇねん。やっぱりジャパンマネーは強いでぇ」

「そんなもんでっか？」

「そんなもんや。よ〜考えてみぃ。もうすぐ大阪は十一月二十三日に薬の神さんの神農様《しんのおさん》やぁ。道修町《どしょうまち》の少彦名《すくなひこな》神社やなぁ。運ちゃんも毎年行くやろぉ？」

道修町というのは、大阪の大・中・小の製薬会社が集まっている町で、家庭にあるクスリの販売元の住所の九十％は、大阪市中央区道修町となっている。

「毎年行きまっせ！　大阪人はみんな行くんちゃいまっか？　無病息災の神さんやからねぇ。

しゃぁけど、毎年、笹を取り替えに行かなあきまへんねん。あれ、かないまへんなあ。あれが神さんの手でんなぁ。ネズミ講みたいでんなぁ。毎年、飾り付けが増えていきまんねん」

「まぁ、神社も寺も表向きはえぇカッコ言うとっても、一応商売やからなぁ。まっ、家内安全、無病息災、安寧秩序、ゆぅ〜ことで我慢せぇやぁ。それからやで、一カ月したらメリークリスマスやるやろぉ。大晦日にはお寺で除夜の鐘や。正月三が日は神社に初詣やなぁ。それから一週間もしたら十日戎のえべっさんやぁ。『商売繁盛笹持って来い！』やぁ。運ちゃん、ここでも笹取り替えに行くねんやろぉ？」

「ここも毎年行きまっせ！　ほんまにネズミ講みたいでっせ、あのシステムは……。なんとかなりまへんのぉ？」

「運ちゃん、ネズミ講になんか恨みあるんちゃうかぁ？」

「はっはっはっ！……うぅぅぅぅ」

「泣かんでもえぇやんけぇ。どないなっとんねん、このタクシーは……」

「うぅぅぅぅ！」

なんかこのくそ坊主、ホンマに仏教徒なのかクリスチャンなのか、ひょっとして神道なのかわからなくなってきた。

「それからすぐ節分の豆撒《ま》きやぁ。ちょっとしたらセント・バレンタインデーやでぇ。日本の方がおかしいで。宗教行事が入り乱れてるでぇ。最近はカボチャをかぶっとる大馬鹿タレがおるでぇ。あれ、何しとんねん。アホちゃうかぁ」

「はっはっはっ、ほんまでんなぁ！」

「運ちゃん、今、泣いとったんちゃうんかぁ？」

「えらい、すんまへん！」

「しゃあから、ワイがグァムの観光教会で結婚式しても、な〜んもおかしいことあらへんちゅうこっちゃ！　なぁ、そぉやろぉ〜」

「そぉゆうもんかなぁ？」

「そぉ〜ゆぅ〜もんやでぇ、正味の話が。しゃぁけど、誰にも内緒やでぇ」

そういうウエちゃんも仏教徒であるが（何宗か知らん！）、今を去ること十八年前に、親、兄弟、親戚三十人を引き連れて、グァム島の教会で結婚式をした馬鹿タレである。当時はまだ海外での結婚式は芸能人しかしなかった時代である。ウエちゃんはオプショナルツアーと称して、レンタカーのワゴン車を借り、親族からオプション代金を取り、土産物屋からは売上の三十％のリベートを貰い、大儲けしたことを思い出す。みなさん、すんまへん（懺《ざん》悔《げ》！）。

「それで、お住っさん、一体Nホテルへ何しに行きますのん？」

と怪しい流し目で聞くと、

「なんや、興信所みたいなタクシーやなぁ。がっはっはっ！　これや、これ」

坊んさん、小指を立てた。

「これ、言うて？　小指、でっか？」

「そぉやねん。新地のこれと飯食うて、同伴出勤やんけぇ」

「どーはんしゅっきん！　お住っさんが？」

「あかんかぁ？」

坊主が北新地のホステスと同伴出勤なんか聞いたことない話である。しかし、坊主はもうすでに興奮してしまって「ハァ〜！　ハァ〜！」と鼻息が荒くなってきた。

「いやぁ、ん〜？　あかんのんちゃいます？　坊主が上手にポーズを取って酒飲んだら」

「おぉっ、運ちゃん、なかなか巧いやんけぇ。問答いけるんちゃうかぁ。本山へ修行に行くかぁ？　財産全部ワイに渡して出家せぇやぁ。紹介するでぇ、手数料なしで」

「痩せますかぁ？　五キロぐらい」

「運ちゃん、何ゆぅてんねん。自分やったら二十キロは簡単に痩せれるでぇ。健康になるでぇ。高い会員権、無理矢理、先金で買わされて潰れるエステへわざわざ行かんでもえぇねんでぇ！」

二十キロ！　そんだけ痩せたらウエちゃん格好良ぅなって、若い美人の女性の客と困ったことになってしまったらどないしよ？　しかし、後ろのシートでふんぞり返っている坊んさんのでっぷりした体を見ると、もう一つ信用が置けへん！

「しゃぁけど、お住っさん、今はよぉ肥えてますやんかぁ。どないなってまんのん？」

「アホか！　これはリバウンドゆぅやっちゃぁ。厳し〜い修行が終わって俗世間に二十年ぐらいおったら、こうなんねん。肉は食べるし、酒は飲むし、税金はほとんどかからへんから金があるさかいに、ネェちゃんはウハウハやしのぉ。がっはっはっ！　ほんまに坊主丸儲けゆぅて、このこっちゃぁ。わっはっはっ！」

……とかなんとか、ワイワイ喋ってはいますが、車は「ゴト日」のため大渋滞。タクシーは時速十キロ以下になると自動的に待ちメーターが作動するので、全然前へ進まないのに料金が八十円ずつ上がっている真っ最中。

「運ちゃん！　よぉ〜混んどるのぉ。どないなっとんじゃ！　全然前へ行かへんやんけぇ。メーターはどんどん上がるし。なんとか、せぇ〜やぁ」

「はっはっはっ！　今日は運転手丸儲けですわぁ。週末の金曜日、それにゴト日やから、絶対に動きまへんでぇ。がっはっはっ！」

「ほんまやなぁ。今日はゴト日やんけ。なんとかならへんのかいなぁ。ゴト日！　もう四千円超えとるやんけぇ。まだ半分くらいしか来てへんでぇ。これだけは知事さんが何人代わってもあきまへんでぇ。ひょっとしたら今の知事さんは、ゴト日は知らんのとちゃいますかぁ？」

「ゴト日は、もぉなんともなりまへんなんなぁ。これだけは知事さんが何人代わってもあきま

年間七十日以上ある「ゴト日」、これはいわゆる五十日《ごとおび》のことやねぇ。月のうち五と十の付く日、すなわち五日・十日・十五日・二十日・二十五日と晦日は集金日と相場が決まっていて、集金の車が一斉に街へと繰り出すので大渋滞となってしまう。

集金の車が街に出るということは、その集金から逃げる車も街に繰り出すということである。だから大阪市内は大渋滞。もし、このゴト日に集金ができなければ、次の集金は五日後となる。五日後が週末に引っかかると七日後になる。明日の資金繰りが苦しい中小企業は、一日でも支払いを延ばしたい。その結果、集金の車と支払いから逃げる車が街に溢れかえることになる。これがゴト日である。この支払いの約束のことを「ゴト払い」とも言う。

「そんな面倒くさいことをしなくても銀行振込にしたらいいじゃーん！　マックに行こうぜ！」

「あんたぁ、ギンコー振込にせなぁ〜かんがねぇ。どぇりゃぁエビフリャー食べてぁでかんがぁ！　やぁっとかめだなも！」

「おどれぇらぁ、はょぉ振り込めやぁ。のぉ。わしが、こんなぁらぁ、ぶち殺しちゃるけぇ。

もみじ饅頭は、ぼっけい美味いんじゃぁ！　食べんさぁ～い」

「銀行へ振り込んだらヨカばってん。くさぁ。長浜ラーメンくさぁ～」

と言うのは、合理主義で血も涙もない他所のあきんどである。大阪では、

「社長！　すんまへん、明日は五千円の集金やさかいに銀行振込でお願いできまへんかぁ？」

「なぁにぃ～！　なっかなかハイカラなことを言うじゃや、あ～りませんかぁ～。君がいて、僕がいる。いつから、そんなにエラソーになったんやぁ。銀行振込ゆぅＮＨＫの『漢詩の時間』みたいな四文字熟語は聞いたことあらへんわぁ！」

「社長！　四文字熟語とちゃいまんねんけど……」

「何言うとんねん、顔を出さんかぁい。そやなかったら、支払いせぇへんでぇ」

「社長！　しゃぁけど、五千円やさかいに……」

「冷コ～の一杯でもおごったるやんけぇ。顔を見せんかぁい」

となるのである。……が、集金に行くと必ず、冷コーをおごってくれるはずの相手は逃げた後。これがナニワの街に何百年も続く伝統の商いやね。

その、集金から逃げる者とすっぽかされるのがわかっていて集金に繰り出す者の、なんや色んな事情やら思惑やらを乗っけた車で大渋滞している日に、おねぇちゃんと高級ホテルで

遊ぼうとゆぅ金満生臭坊主が迷惑そぉにぶつぶつ言っている。

「運ちゃん、ほんまに動かへんなぁ！」

「ほんまでんなぁ。動きまへんなぁ！」

こういう大渋滞に巻き込まれると、いつぞやの放送局の一件が頭をよぎるが、今日ウエちゃんの胃腸周辺は朝から絶好調なのであります。

「お住っさん、もう地下鉄で行きはったらどぉでっか？　そこの角が地下鉄の入口やさかいに……」

「アホかぁ！　こんなカッコで地下鉄なんか乗れるかいなぁ。青空広告社と間違われるやんけぇ」

「えぇんちゃいますぅ。ほな、一緒にビラ配りはったら」

「なんのやぁ？」

「人生相談・好色色情坊主のホストクラブゆぅんは、どぉでっか？」

放蕩助平坊主の鼻が膨らんできた。どうもこの坊さん、金と女の話になると興奮するようである。またまた鼻息が荒くなってきた。

「それ、なかなかオモロイやんけ、運ちゃん。ワイ、副業で始めたろかぁ？」

「大阪か京都に『坊主バー』ゆぅのん、もうありまっせ！　こないだテレビの情報番組でやってましたわぁ」

ネタ探しにいつもその手の番組をチェックしているウエちゃんが、この時とばかり得意になって教えてあげると、

「ほんまかぁ」

興味津々である。

「バーテンダーが全員、ほんまもんの坊主ですわぁ。客に説教こきまんねん。客は説教かれて喜んでまんねん。あいつら、アホちゃいまっかぁ」

「ほんまやなぁ。それで、飲み代取るんかぁ？」

「取りまんねん。しっかりと」

と答えると坊主はニカッと笑った。

「ほぉ〜！　えぇ商売やなぁ。坊主丸儲けやなぁ。ワイもやろぉっ！」

どうもこの生臭坊主は坊主バーの経営に本気になってきたようである。

「運ちゃん、もうちょっとやなぁ」

「そうでんなぁ、あと三分ぐらいですわぁ」

「運ちゃん、ごっついこと、メーター出とるやんけぇ！　もう六千六百六十円やでぇ、どないなっとんねん。もうすぐ七千円やぁ。いっつもやったら四千円ぐらいなんやでぇ」

「そんなん言われても、今日はゴト日やさかいに……。どぉにもなりまへんわぁ」

強欲坊主は、メーター表示料金が不満らしい。色々とケチを付けてくる。そんなん言われても、規定の料金なんやから、どうしょ〜もない。

「運ちゃん！」

何を思ったか、突然坊主が数珠《じゅず》を片手に持って、ウエちゃんの頭の上に振りかざした。

「なんでっか？」

「見えるでぇ！」

「何がぁ？」

「運ちゃんの背中に、影が……」

「えぇっ〜！　いてまへんでぇ、誰も」

後ろを振り返って見るが、勿論そんなもんなぁ〜んも見えへん！

「見えるわぁ。見える。ワイには見えるんや！　修行を積んだワイには。運ちゃんの背中に誰かがおる！　うらめしそぉ〜に、運ちゃんを見てるわ。肩、重たいことあらへんか？」

「うっそぉ〜！　見えまへんでぇ。なぁ〜んも」

坊主はさらに片手に持っている数珠を左右上下に激しく震わせて、何かワケのわからん呪文を一人で唸り始めた。

「あんなぁ、凡人には見えへんねん！　あかんでぇ、お祓《はら》いせな。ワイがここでお祓いしたるわなぁ」

「お住っさんが。おおきに。すんまへん。ううぅぅぅうっ！」

「泣くなっちゅうねん。よぉ泣くタクシーやなぁ」

と助平放蕩坊主は、出来の悪い営業マン用のジュラルミンのアタッシェケースから一回り大きい大玉の数珠を取り出して、ウエちゃんの頭に手をかざし違う呪文を朗々と唱えた。

「ヘンジャラ、フンジャラ、ホンジャラ、むむむむっ！　えぇっ～いっ！　えぇっ～～いっ！……よし！　これで運ちゃん、悪霊を追い出したでぇ。もう安心やでぇ」

「ほほほ、ほんまでっかぁ？」

と半信半疑で聞くと、

「もう、大丈夫やぁ。運ちゃん。心配ない。ほな三万円なぁ！」

と坊主はニカッーと笑ってアタッシェケースの中の何かをゴソゴソと探し、手を出したと思ったら、なんと領収書と請求書を切っているではないか！

「えぇっ～！　なんでぇ？」

「何言うてんねん、ワイのお祓いの通常料金は梅コースで一回十万円やでぇ。しゃぁけど、今日は大まけにまけて三万円や。安いもんやんけぇ。はい、ちょーだい」

と手のひらを差し出す。それはない、とウエちゃんは怒った。

「なんでですのん。無理矢理、後ろから急に拝んでおいて……」

「ほなこぉしょ。お祓い代の三万円はいらんわぁ。その代わりにタクシー代、運ちゃんが出しといてくれぇ。えぇやろぉ、三万円が七千円やでぇ。タクシーの運ちゃんはみんな歩合給やろぉ？」

「そうやけど……」

この強欲坊主、金の話になると、何を企んでいるのか、やけに鋭くいきなり核心を衝いてくる。

「何パーセントの取り分や？」

「手取りで売上の五割くらいですねんけどねぇ」

思わずウエちゃんは正直に答えてしまった。すると、坊主は畳み込むように、

「ほんなら、運ちゃんには月給日には三千五百円くらい返ってくんねんやぁ。ということはやでぇ、本来なら三万円払わないかんかったところを、今日七千円払っといたら、最後には三千五百円になる、と。わかるかぁ？　どやぁ！　安いやろぉ～」

わかったようなわからんような計算を並べ立てた。

「ほんまでんなぁ。三千五百円で厄払いができるんやから安いもんですなぁ……。安いんか

なぁ？」

　算数に弱いウエちゃんの頭の中は、？マークだらけである。

「そぉ〜やろ。誰も損はしてへんわけやぁ。ほな、運ちゃんありがと！　さいなら！　おおきに!!」

「どぉいたしましてー。んっ……？　むむむむ」

と強欲助平放蕩坊主は結局、一円も払わずにウエちゃんのタクシーから降りていった。

　メーターは七千六十円也。

　三万円のお祓い料がタダで、坊主のタクシー代金はウエちゃんが会社へ立て替えて入金する。すると、会社からは月給日に歩合給が約半分返ってくる……？

　これは、得したんやろか。よぉわからん。ウエちゃん、算数は苦手や！　なんせ、東大阪の近鉄沿線にある駅弁大学パチンコ学部銀玉学科中退なのである。

　なぁ〜んか、これって、ひょっとして強欲助平放蕩坊主に騙されてへん？　ん〜んっ！　よぉわからん！　青木雄二監修『ナニワ金融道　天下大乱』と紀藤正樹『悪徳商法　詐欺と騙しの罠』を、もうちょっと本気で読んどったらよかった！

有名人はつらいでぇ！

タクシーのお仕事は、有名・著名人をほんまによぉ〜乗せる。

流し専門のウエちゃんでもしょっちゅう乗せるんやから、目の色を変えて親の仇のように無線を取る運転手は、かなり頻繁に乗せるはずである。

大阪の街をタクシーで流していると「えぇっ！　こんなとこで、なんでやぁ〜！」とびっくりするような細い路地裏で、タレントさんや有名・著名人がよく手を上げる。広くて狭いのが大阪、狭くて広いのが庶民の街、大阪やねぇ。

中には声を聞かないとわからないほど、顔が全然違う女性のタレントさんもぎょうさんこといてる。ほんまにテレビに出てるあの顔は詐欺やねぇ。

某月某日

今日も今日とて大阪市港区の天保山サントリーミュージアムの近所で長時間の客待ちであ

る。先頭になっても客が来ないので白川で夜船に乗っていた(ほんまは京都は嫌いなんやけど……)。ほんまに、一番気持ちえぇ時間やねぇ!

突然、左後方のドアを「ドン! ドン!」と強く叩く音で目がさめた。

「わあぁっ〜、びっくりしたぁ!」

「運ちゃん! 寝てたらあかんでぇ〜。乗ってえぇかぁ? ミナミへ頼むわぁ」

「へぇっ! おおきに。えらい、すんまへん(えぇとこやったのにぃ!)」

タクシーの客は通常、後方左側のドアから乗ると左側の座席に座る。

まぁ時々やけど「運転手さんの横がえぇわぁ〜」と駄々をこねまくる、気持ち悪いオッサンもいてるが……。

しゃぁけど、この客は変わっとったぁ。こんな座り方の客は初めてである。

一人であるにもかかわらず、ウエちゃんの真後ろ、運転席の後ろの座席に、それも沈み込むように乗ってきたのである。同僚運転手などから聞く話によると、こういう不自然な乗り方は、あの有名なタクシー強盗さんの典型的な乗り方だということだ。強盗やったらえらいこっちゃぁ! どないしょ! ほんでも、えぇネタになるなぁ。

「お客さん、ミナミまでお急ぎでっかぁ?」

聞きながら恐る恐るルームミラーで様子を見ると、

「いやぁ～、別に急いでへんでぇ、運ちゃん。ゆっくり行ったてぇ」

と明瞭な回答。安心である。しゃぁけど、あれぇ～？　どこかで聞いた声。えぇとぉ～、誰やったかいなぁ？　このダミ声は……（あちゃぁ～！　えらいこっちゃぁ～！）。

シートに身体と顔を埋めた客の正体は、その名前の前に必ず「世界の」と冠が付き新聞、テレビ、雑誌などでお馴染みの超著名人！

「あれぇ～？　お客さぁ～ん、ひょっとして、もしかして、世界のほにゃららセンセでっかぁ？」

とまだ半分寝惚けたままのあまり回らないろれつで尋ねると、ルームミラーの枠の中に顔が入るように頭だけチョコンと出し、

「おぉ～！　ようわかったのぉ～、運ちゃん！　なんでやぁ？」

といつものテレビやラジオなどで聞く元気な声が返ってきた。

「センセの声、しわがれ声で独特でっさかいにすぐにわかりまっせぇ！」

と言うと世界のほにゃららセンセは今までの仏頂面とは打って変わってニコッと笑い、

「ワイの声、そんな独特かぁ？　ホ～、ホ～、ホケキョッ！」

と突然、ギャグをかましてきた。

「はぁ～？……なんでっかぁ？」

「ワイの美声やんけぇ、運ちゃん！　わからんかぁ？」

などとセンセは言うではないか。

「センセ！　なんぼ顔を隠したかてセンセの場合は声でわかりまっせぇ」

「ほんまかぁ！　ほんなら顔を出そぉっ。よいしょっと……」

と長髪とギョロ目を出してきた。

「あのねぇ〜、センセ！　亀ちゃいまんねんから……。センセは一応、世界のほにゃらら先生やねんから、余計あやしいわ。頼んますわぁ」

「亀はないやろ、亀は。ワイかて好きでやってんのとちゃうねんから。しゃぁけど、もっとわからんようにする方法考えんとあかんなぁ。そんならほんまに亀のお面かぶったらどやろ、なぁ、運ちゃん」

先生、こんなに気さくと言えば気さく、こてこてと言えば、まさにこれぞ大阪！　などという人だとは思わなかった。

「しょうもないこと言うてないで、センセ！　ほんで何しに来はりましたん？　天保山へ！」

「ちょっと、様子を見に来ただけやねん」

この世界のほにゃらら先生、テレビ等では難しい顔をしているのをよくお見かけする。テレビでの堅いイメージとは違い、ウエちゃんとの会話はめっちゃぁ庶民的である。

有名人、特に芸能人、タレント、俳優、女優等を乗せると不思議な現象がある。テレビや映画では根性悪の悪役で、恐いキャラクターで売っているタレントが無表情で普通に乗ってくるだけで滅茶苦茶親切なタレントさんになる。テレビや映画ではいつも笑顔のえぇ役で、世間の好感をひくタレントさんが無表情で普通に乗ってくると、無愛想でくそ生意気なえらそぉ〜なタレントになる。不思議である。

「運ちゃん！　悪いねんけど、そこの角でちょっと停めてくれへんかぁ？」

とセンセは外を見ながら突然言い出した。

「センセ、オシッコでっかぁ？」と大変失礼な質問をすると、

「アホかぁ！　なんぼワイかて、世界のほにゃららやでぇ。交差点の角で立ち小便なんかぁ、できるかいなぁ」

と笑いながら怒っている。

「ほんなら、なんでっかぁ？　センセ！」

「タコ焼きやぁ。運ちゃんも食べるやろぉ？」

大阪の街には五百メートルに一軒、激戦区になると五十メートルに一軒は必ずあるという、下町の小汚いタコ焼き屋の前をちょうど通りかかったんやねぇ。

「よろしいなぁ。おおきに！　よばれますわぁ。すんまへん」

「おっばちゃぁ〜ん!!　タコ焼き三百円、持ってきてぇ〜!!」

と窓を開けると、世界のほにゃらら先生は、通行人がビックリして振り向くほどの大声でタコ焼き屋に声をかけた。

「センセ！　センセ。声が、声が……大きすぎまっせぇ。センセ！」

こうして世界のセンセと市井《しせい》のタクシー運転手ウエちゃんは、タクシーの中、二人仲良く見つめ合いながら、「フハフハ。ハウハウ。アツアツ、熱っぅ〜！　美味ぁ〜！」と言いながら、「やっぱ、タコ焼きは大阪やなぁ〜、運ちゃん」「ほんま！　ほんま！」と語らい合いながら、タコ焼きを食べたのであります。

なんと庶民的で素晴らしい世界のほにゃらら先生と、その仲を取り持ってくれる大阪のタコ焼きでありましょぉ〜か！　たった三百円で世界の巨匠と街のタクシー運転手が親密になれる、こんな食べ物が一体日本のどこにありましょうか。そして、大阪のタコ焼きはどんなに小汚い屋台の店でも美味ぃ！……のがあたりまえ。「ほんまに、大阪に住んどってよかったわぁ」と思う一瞬なのであります。

「ほな、運ちゃん。ぼちぼち行こかぁ〜？」

「へぇへぇ〜、行きまひょ、行きまひょ〜」

「運ちゃん、あれ見てみぃ！　ごっついでぇ」

ウエちゃんが車を出そうとすると、突然センセは交差点の角を指さした。

「えっ！　どこでっかぁ、センセ？」

「あそこへ立っとる、真っ赤なスーツのねぇちゃんやぁ。ええ女やのぉ〜。ちょっとだけ、声かけたろかぁ？　なぁっ、運ちゃん？」

なんと、またまた窓を開けて声をかけようとする。

「あきまへん、あきまへん！　センセは腐っても世界のほにゃらら先生なんやから……。絶対にあきまへんでぇ。絶対にぃ！　腐っても鯛でっせぇ！」

慌てて思わず口が滑ったらしいウエちゃんをセンセは睨んで、

「ワイ、ひょっとして腐ってんのかぁ？　運ちゃん」

とすねるようにして聞いてきた。

「もぉ〜、ちゃいまんがなぁ！　たとえでんがなぁ。た・と・え」

「やっぱなぁ、運ちゃん。誰にでも声かけられる自由な庶民がえぇわぁ」

「ほんまでんなぁ」

「有名人なんかになるんやぁなかったわぁ。めっちゃぁ不便やでぇ、運ちゃん」

しみじみとセンセはおっしゃるでは、あぁ〜りませんか！

「そうでっかぁ？　センセ、贅沢なんちゃいますぅ〜？」

「たまには戎橋《えびすばし》へ行ってなぁ、道頓堀を歩きもってぇなぁ『551の豚まん』でも食べたいわぁ！」

大阪と言えば豚まん！　豚まんと言えば551なのです。551というのは豚まんの商品名です。なんでやろぉ？

「あれ、ごっつ美味いでんなぁ」

「空心町の『ニンニクラーメン』もニンニクてんこ盛りで食べたいわぁ！」

これも絶品！　空心町は大阪市の区画整理の一環で東天満と町名変更になりましたが、今でも大阪市民は空心町という町名を使っているのです。

「それも美味い！」

「阪神百貨店地下の『卵入りのイカ焼きのデラバン』も立ち食いしたいねん。今、あれなんぼやぁ、運ちゃん？」

「えぇとぉ〜、普通のイカ焼きが百二十円で、デラバン（卵入り）が百七十円ぐらいとちゃいますかぁ？　時々、観光客のお客さんを連れていきますねんけど、みぃ〜んな喜びはりますわぁ！」

イカ焼きとは、イカを丸のまま焼くのではなく、お好み焼きの生地に切ったイカを載せて焼く食べ物で、阪神百貨店のデパ地下の大人気商品なのである。どうも、大阪だけの食べ物らしい。

「しゃぁけどセンセェ！　しょ～おまへんなぁ。有名になるんと引き換えに自由を棄てたんやからぁ」

「ほんまやなぁ～、運ちゃん。ワイなぁ、晩飯は商売柄フランス料理や懐石料理が多いねんけどなあ、ほんまは鮭弁当がいっちゃん好きゃねん。しゃぁけどやっぱり一番したいんは、立ち小便やなぁ。思いっ切り、じょんじょろりん、じょんじょろりんと道頓堀の橋の上からやりたいのぉ」

とセンセは遠くの空を見つめて思いにふけってしまった。

色々な有名・著名人の方がウエちゃんのタクシーに乗ってきて、その時に必ず言う言葉は、「立ち小便がしたい！」「立ち食いのうどんや蕎麦を食べたい！」「牛丼屋のカウンターに座ってみたい！」「コンビニか本屋でエロ本を立ち読みしたい！」「ＡＶビデオを堂々と借りたい！」である。

有名・著名人からこんな話を聞くたびに、「あぁ～、ほんまにどこでも立ち小便のできる人相の悪い汚いタクシー運転手で良かったわぁ！」と思うタクシー運転手のウエちゃんなのでありました。

［お断り］　この話は、ウエちゃんのタクシーに乗っていただいた数々の有名・著名人の話を基にしたフィクションです。本文中の登場人物は実際には存在しませんのでご了承下さい。ほんまやでぇ～！　ひひひっ！　ねぇ、センセ！

オムライスを頬張って

某月某日

先頭で客待ちをしていた知り合いの運転手が、小学校低学年ぐらいの男の子と何か話している。手振り身振りを見ているると、子供相手に何か揉めているようである。しかし、いくらタクシー運転手でも小学生相手に真面目に喧嘩をするわけがない。しゃぁけど最近、不況の影響で変な運転手が増えたから、小学生相手に喧嘩する馬鹿タレ運転手もいてそぉやねぇ！と思っていると、力いっぱい指をウエちゃんの顔に向かって突きつけながら、その子の手を引いてこっちにやって来た。おいおい、一体なんやねんなぁ？

「ウエちゃん！　悪いねんけどなぁ、この子を淀屋橋まで乗したってくれへんかぁ？」

と唐突にわからんことを言う。理由を言わんかい、理由を！

「かまへんけど、何でやねん！　どないしたんやぁ？」

とウエちゃんが聞くと、

「この子一人でなぁ、京阪電車の守口まで帰るらしいねんけどなぁ、三千円しか持ってへん言うねん」

と困ったような口調のニコニコ笑顔でウエちゃんに掌を合わせて拝んできた。

「そらぁ、あかんがなぁ！　京阪の淀屋橋駅まででも三千円くらいやもんなぁ。電車賃があらへんようになるやんかぁ」

「そぉやねん。しゃぁから、ウエちゃん！　ちょっとだけ適当に面倒みたってぇなぁ！」

この運転手の「適当に面倒みたってぇ！」とは、うまいことメーター操作を誤魔化して、「安う～に行ったってぇ！」……という意味なのである。ウエちゃんは時々、メーターを入れるのを忘れる。だからこの子を乗せて出発する時に、未来のこの国へ投資するつもりで「メーター操作を二キロほど忘れてくれへんか？」ということなのである。メーター操作を忘れるということは、売上が減り、自分の給料が減るということである。日本のタクシー運転手のほとんどは基本給なしの売上に対する完全歩合給で働いている。誰かて好き好んでそんなんしたくない。こういう時には、年がら年中、空に浮かぶ雲を見ながらボォ～っとしているウエちゃんに、必ず御鉢が回ってくるのである。

「しゃぁけど、なんか変ちゃうかぁ。こんな小さい子がなんで一人やねん？　守口ゆぅたら大阪の東の端やでぇ。ここは、西のはずれやろ。なんか不自然なんとちゃうかぁ？」

「あれぇ〜！　ウエちゃん、えぇとこに気がついたなぁ。ほんまに、ほんまに変やなぁ！」

「お前アホかぁ！　もっと早いこと気づけぇ！」

頭の回転の悪い奴と喋っていると、ほとほと疲れるのである。仕方がないので、直接本人に聞いてみることにした。と、いうことは、すでにこの子を乗せて行かせようとの策略にはまってしまったわけだ。

「ぼくぅ、何年生やぁ？」

「二年生やでぇ。おっちゃん！」

ちょっと遠慮がちな上目遣いで答える。むむっ！　なんかワケありやで、これは。ウエちゃん、いつもの癖で、途端にムクムクと好奇心が湧き上がってきた。追究しないわけにはいかない！

「一人かぁ？」

「うん！」

ちょっと気まずそうに目を逸らす。ふとその手を見ると、千円札を数枚力いっぱいに握りしめている。

「なんでやぁ？　お父ちゃんかお母ちゃんは一緒にいてへんのかぁ？」

と聞くと子供はちょっとだけウエちゃんの顔を見て三歩ほど後退りしてビビっていたが、

「……小学生が一人でタクシーに乗ったらあかんのぉ？　おっちゃん」

　としっかりとした口調で言い返してきた。

「そんなことはあらへんけどなぁ。ほんなら、まぁ〜乗れやぁ！」

「ありがとぉ、おっちゃん！」

「ほんなら、この優しい顔したおっちゃんが京阪電車の淀屋橋の駅まで連れていったるさかいに！　中でゆっくり話を、おっちゃんに聞かしてもらぉ〜かぁ。ひひひ！（しめしめ、メモメモ！）」

　おそらくタクシーに一人で乗るのは初めてなのであろう。後ろのシートに浅く座り、右を見たり左を見たりして落ち着かない様子である。

「ぼくぅ、タクシーに一人で乗るのん初めてかぁ？」

　とウエちゃんがちょっと恐い顔で迫ると、

「うん！」

　と小さな声で頷《うなず》く。よほど恐がっているみたいである。ワイ、ホンマはめっちゃ優しいのにぃ！

「ほんまに、三千円しか持ってへんのかぁ？」

　とこないだ見たばっかりのVシネマ「ナニワ金融道」に出ていた兄ちゃんのように顔をし

かめてワザと凄んで聞くと、

「んん〜〜う〜、ご、ご、ごぉ……」

と言葉に詰まってしまった。

「えぇっ！　五百え〜ん！　五百円しか持ってへんのかぁ？」

と思わず声を荒げて尋ねると、

「ちゃう、五千円持ってんねん。おっちゃん……」

と蚊が鳴くような声（蚊が鳴く声なんて聞いたことは一回もあらへん！）が返ってきた。

「お前、子供のクセして五千円も持ってんのかぁ！　しゃぁけど自分、さっき三千円しか持ってへんゆぅて言うたんちゃうんかぁ？　お前ぇっ！　子供のくせに嘘ついとったんかぁっ！」

と得意の大きな声で怒ると、子供の顔がだんだん歪んできた。

「うううぅうぅぅ、うわぁぁ〜〜〜ん！」

「な、泣かいでもえぇ、泣かいでも。おっちゃんはなぁ怒ったんとちゃうねんからなぁ！」

と慌てて一生懸命なだめたが、もう時遅しである。

「ううううぅぅ。今、怒ったぁ〜！　めっちゃ恐い顔してぇ〜！　うわぁぁ〜ん！」

とどさくさにまぎれてウエちゃんが一番に気にしている顔のことをずばりと言う。油断ならんガキである。しゃぁけど、ガキはガキ、ここはモノでツルに限る。

「ははは！　この恐い顔は元からやねん。しゃぁから怒ったんちゃうでぇ！　どやぁ、飴《あめ》ちゃんあるけど食べるかぁ？　ミカン味やでぇ。美味いでぇ」

と満面に造り笑顔を浮かべ（ちょっと無理があるかもしれへんけどね！）、思いっ切り猫なで声で懐柔を図ると、

「ううううう。うん！」

とあっさり機嫌が直った。やっぱり子供には飴ちゃんが一番なのである。飴を口に放り込み、ろれろれしている後ろの小学生は、さっきまでの泣き顔はどこへやら、嘘をついた事情を話し出した。

「あんなぁ、おっちゃん！　お父ちゃんがなぁ、タクシーのおっちゃんは悪い人が多いさかいに取られたらアカンから、三千円しかあらへんゆぅて言えて」

まぁ、はっきり言って間違いではない。もちろんそんなんばっかではないが、タクシー運転手は悪い奴の集まりであると世間から見られているのも確かである。ホンマに哀しい！

「ほんで、お父ちゃんはどこにおんねん、ぼくぅ？」

「もぉ、いてへんでぇ。よその女の人と帰ったわぁ！」

「ぼくを置いてかぁ？」

「うん！」

ぬぁにぃ～！（メラメラ）なんちゅぅ親じゃ！　鼻から指突っ込んで、ケツの穴をヒクヒクいわしたろかぁ！　子供の顔がまた曇り、この話には触れたくないという感じで、窓ガラスに額を押し付けた！　もう、こぉなったら馬鹿親の話をもっと詳しく聞くために、ウエちゃんは臨時タクシー興信所に変身するのである。

「お母ぁちゃんは、守口の家に居てるんかぁ？」

と聞くが子供は外の景色を見たまま、

「居てへん！」

と一言だけ、素っ気ない返事。しかし、素っ気ないぐらいで引っ込むようなウエちゃんではない。またまたずけずけ遠慮なしに聞く。

「お母ぁちゃんは、どこやねん？」

「お父ちゃんとお婆ぁちゃんが嫌いや言うてなぁ、お母ぁちゃんのお婆ちゃんのところへ妹を連れて一緒に帰ってん！」

と触れてほしくない話題なのだろう、ぼそぼそ答えている。

「ほんなら、ぼくは誰と住んどんねん？」

「お婆ぁちゃん！」

「うん！　お父ちゃんのお母ぁちゃんやでぇ、おっちゃん！」

やっとこちらに顔を向けて話してくれた。この間、もちろんウエちゃんはルームミラーを見っぱなし、目は小学生に釘付けである。

「お父ちゃんも一緒にかぁ？」

「ちゃう！　お父ちゃんはよその女の人と他所で住んでんねんでぇ、おっちゃん！」

なんちゅうことやねん！　ウエちゃんの血圧がどんどん上がっていくのがわかる。別にこの子が悪いわけではないが、詳しく聞けば聞くほど、ますます腹が立ってきたぁ。ほんでもここは、落ち着いて、落ち着いて。冷静に、冷静に。牛乳飲んで、牛乳飲んで。Ca、Ca！

「ぼくぅ！　お婆ちゃんと一緒に住んどって楽しいかぁ？　オモロイかぁ？」

「…………」

また外へ視線を移し、知らん顔をされてしまった。子供心にも言ってはいけない家庭の事情というものがわかっているのだろう。

「なんやねん！　何が嫌やねん？　おっちゃんに言うてみぃ。ほいもう一個、飴ちゃん食べぇ。イチゴ味やでぇ。めっちゃ美味いでぇ！」

と背中越しにもう一個飴ちゃんを差し出すと、子供はこっちを向いて、

「おっちゃん！　おっちゃんはオムライス好きかぁ？」

と唐突に聞いてきた。

オムライス！　オムライスは好きな食べ物のオールタイム・ベスト5に入るウエちゃんである。日本人全員が好きだと言って憚《はばか》らないカレーライスより好きなくらいだ。

「めっちゃぁ好きやでぇ！　おっちゃんはうどんとオムライスとタコ焼きが大好物やでぇ！」

と答えると、

「そうか……。あんなぁ、うちのお婆ちゃんのオムライスなぁ、焼き飯の上に卵焼きがのってるだけやねん。わかるぅ？」

とまたちょっと暗い顔になって言う。

「焼き飯の上に、卵焼きがのってる……？」

よくはわからないが、少なくとも、それはオムライスとは呼ばない。しいて言うなら、焼き飯と卵焼きである。

「うん、テレビで見るオムライスと全然ちゃうねんでぇ、おっちゃん！　ほんまもんのオムライスを一回食べてみたいわぁ！」

もしもオムライス教があったら信徒になって毎日朝昼晩オムライスのご神体に向かって拝

礼してもいい、というぐらいオムライスが大好きなウエちゃんは、なんかもうこの話を聞くだけで涙が出てきそうではあるのだが、そこは日本一親切で優しいタクシー運転手、

「しゃぁけど、一生懸命作ってくれてはるんやさかいに、お婆ぁちゃんに文句言うたらあかんねんでぇ！」

と、一応は子供を諭したのである。

「しゃぁけどボク、お婆ぁちゃんは嫌いやぁ！」

「そんなん、言うたらあかんがなぁ！　お婆ぁちゃんは頑張ってやってくれてはんねんでぇ。ぼくのためにやでぇ。ちゃうかぁ？」

とは言ってみるものの、何か言うたび、徐々に子供の顔が曇っていく。小学二年生ですでに人生の暗い影を背負ってしまっている雰囲気がある。

「しゃぁけどなぁ、おっちゃん？」

「なんやねん？」

「おっちゃんは小学校の時にお母ぁさんが学校へ来たぁ？　参観日や運動会に……」

ドキッ！　ウエちゃんの小学生の時の参観日や運動会は嫌な思い出ばかりである。

「おっちゃんは来させへんかってん、お母ぁちゃんには……」

と言うと子供はびっくりした顔をして、

「なんでぇ？」

　とネタのために尋問していたはずのウエちゃんが、逆に古傷をえぐる核心を衝いた質問をされてしまった。こうなったら仕方ない、ウエちゃんの告白タイムである。

「こんなん誰にも言うたことないんやけどなぁ……。おっちゃんのお母ぁちゃんなぁ、百貫デブやってん。しゃぁから、おっちゃん恥ずかしいから参観日のプリントはなぁ、ドブへ捨てててん！　運動会もやでぇ。学芸会も卒業式も来させへんかったなぁ」

　ずっと隠してきた幼少期のトラウマを思い切って打ち明けた。……つもりだったが、子供はウエちゃんの言う意味がわからへんのか、ポカーンとして首を傾げている。

「おっちゃん！　百貫デブゆうて何ぃ？　よぉわからんねんけどぉ？」

　そうか、百貫なんかいう目方は今は使わないからわかるはずがない。目方という言葉も死語かもしれない。

「お相撲さんの小錦て知ってるやろぉ？」

　子供は一瞬笑顔を見せ、

「知ってるでぇ！　めっちゃぁ大きぃお相撲さんやぁ、こぉんな人やろぉ」

　と両手を目いっぱい広げてみせた。

「それそれ。あんなかってん。おっちゃんのお母ぁちゃん。恥ずかしいでぇ！　カッコ悪いでぇ！　小錦みたいなお母ぁちゃんが学校へ来たらぁ」

「ははは！　しゃぁから、おっちゃんもデブやねんなぁ。おっちゃんは、おっちゃんのお母ぁさんに似てるんやぁ！」

はっきり申し上げてその通りである！　ん～、心に引っかかるところはあるけれど、とにかく子供に笑顔が戻った！

「そうやろかぁ？」

「そうやでぇ！　ボクもお母ぁちゃんに似てるゆぅて言われるでぇ！」

そう言われてよく見れば、賢そうな、ちょっとだけ男前の顔をしている。

「ほぉかぁ！　そやったらお母ぁちゃん美人やなぁ。紹介してぇ？」

と調子に乗ったウエちゃんの言葉に、元の暗い顔つきに戻ってしまった。あちゃ～、ひょっとしたらまた悪いことを言うてしもたんやろか？

「しゃぁけどボクなぁ、あんまりお母ぁちゃんの顔を覚えてへんねぇ、おっちゃん！」

「ほぉかぁ。なぁ～んか哀しいなぁ」

とウエちゃんはそんなことぐらいしか答えられない。

「あんなぁ、おっちゃん、ボクのガッコの参観日になぁ、お婆ぁちゃんがいっつも来んねんでぇ。どぉ思う？」

突然、子供は座席と座席の間から身を乗り出してきた。またまた大人にとって答えにくい難しい質問である。

「どぉ思う、ゆぅて聞かれたかてぇなぁ？」

「ボク、カッコ悪いねん。イヤやねん。友だちはみんなお母ぁさんなんやでぇ。ボクだけお婆ぁちゃんやねん。カッコ悪いやろぉ、おっちゃん？　恥ずかしいやろぉ？　そぉ思わへん？」

そう、誰でも子供の頃はこのように考えるものなのである。この子の素直な気持ちである。しかし、何と言ってよいものやら。ウエちゃんは大人だから大人の立場から発言したいところだが、この子の気持ち、よくわかってしまうのだ。

「ほんまやなぁ、そらぁカッコ悪いなぁ。恥ずかしいなぁ」

と気弱に賛成しておくと、我が意を得たり、とばかり顔が輝いた。

「そぉやろぉ！　しゃぁからボク、お婆ぁちゃんにガッコへ来てほしぃないねん。わかるやろぉ、おっちゃん？」

「よぉわかるわぁ。おっちゃんも百貫デブのお母ぁちゃんにカッコ悪いから、来てほしぃなかったもんなぁ。しゃぁけどなぁ……」

「何ぃ、おっちゃん？」

後を続けようとすると、大人が人の道を説く、半分生臭助平エロ坊主の説教みたいな決まり切った話になってしまうだろう。お昼にやっている、みのもんたの番組のゲスト相談員みたいなことしか思いつかへん！　言葉に詰まってしまった。こんな時、どうすればいいのやろ……。

「そうや！　守口へ早いこと帰らなあかんのかぁ？　まだ二時やでぇ」

とウエちゃんはあることを思いついた。

「五時までに帰ったらえぇねんけど、なんでぇ？」

「オムライス食べに行こかぁ！　ごっつい美味いオムライス屋さんがこの近くにあんねんでぇ。ほんまもんのオムライスやでぇ！」

とことさら明るい調子で言うと、

「んん～、かまへんけど、お金が……」

と途端に表情を曇らせる。子供ながらに色々と苦労をしてきたのだろう、すぐ暗い心配顔になってしまう。

「ほんならなぁ、おっちゃんが先にタクシー代だけ三千円貰うわぁなぁ。はい、おくれぇ！」

と励ますつもりを込め、努めて明るい声を出すと、

「うん！　はい、おっちゃん。ほんでぇ？」

と千円札を三枚、手の上に素直に載せてくれた。

「よっしゃぁ！　あとはおっちゃんがなぁ、おごったるさかいになぁ、これでえぇやろぉ？」

ウエちゃん、ルームミラー越しにニカァ〜っと笑いかけた。まぁたとえて言うなら、日活青春映画の宍戸錠みたいにやねぇ。

「うん！　ほんまにオムライス食べに連れていってくれるん？」

よほど嬉しかったのだろう、車が揺れんばかりに体全体で飛び跳ねた。そこまで喜んでもらえると、こっちも嬉しくなる。

「ほんまやでぇ！『北極星』ゆぅてなぁ、日本でいっちゃん初めにオムライスを考えた店やねんでぇ。めっちゃぁ美味いねんでぇ！」

と言うと初めて子供の目が輝き、明るいホンマもんの小学二年生の笑顔になってきた。ちょうど「北極星」はほんの目と鼻の先、交差点を三つばかり越えると、看板を見ただけで、いやそれどころか名前を聞いただけで、ホッペタがとろけてしまうあの店が見えてきた。もぉたまらん！

「ここやぁ、ここ！　本店は道頓堀にあんねんけど、あっちは雑誌やテレビを見て来た観光客でいっぱいやからなぁ、ここがえぇねん。ここは支店やねん。オムライスの通はここへ来んねんでぇ」

駐車場に車を入れながら、この店の説明をあれやこれやとすると、

「へぇ～！　おっちゃんアホみたいに見えるんやけどぉ、何でもよぉ知ってんねんなぁ！」

と満面の笑顔は、もう太陽のようである。

「ほっといてくれぃ！　アホやけどタクシー運転手やぁ！」

とまぁ、この辺は大阪での掛け合い漫才の決まり文句で、子供にアホと言われても怒るようなもんとは違う。

「ちょっと並んでるけど待っとこかぁ？　最近はなぁ、この隠れた支店も有名になってしもてなぁ、しょぉもない雑誌なんか見て来ぃくさって、ぎょうさんこと並びょんねん！」

とウエちゃんが並んで待っている客にイヤキチ（嫌味）たっぷり聞こえよがしに言うと、

「ほんまやなぁ！　おっちゃん！」

子供も大声で反応する。おぉ～！　なかなかボケ、ツッコミの息が合って楽しくなってきたウエちゃんが、

「こんなん並んでまでオムライス食べへんかったらえぇねん。アホちゃうかぁ！　なぁ？」

と軽くジャブを入れると、

「しゃぁけど、おっちゃん！　ボクらも並んでんねんでぇ。ひょっとしたら一緒ちゃう？」

見事。これを待ってた！　できるんならもっと早よぉ言うてくれんとあかん！

「ほんまやなぁ！　大笑いやぁ。わははは！」

そうなんです！　このオムライスの「北極星」という洋食屋さん、関西人やったら誰でも知っている有名店。大正末期に浪速《なにわ》区桜川で日本で最初にオムライスを考案したという、正真正銘の元祖・オムライス屋さんなんやねぇ。ウエちゃん推薦の超大阪B級グルメ（有名になったから、今はA級やろかぁ？）店の一つで、大阪でオムライスのお勧めの店と言えば「北極星」と「明治軒」に尽きる！　というほどのもんやねぇ。最近は旅行雑誌や、なんか勘違いしたグルメ雑誌、どこか間の抜けたテレビのグルメ番組に取り上げられることがあり、道頓堀アメリカ村近くにある無理矢理の本店には、連日地方からの観光客の行列ができていて、地元の人は、そうした外からの客たちのあまりにも傍若無人な秩序のなさに足が遠のき、市内に散らばる各支店に食べに行くという現象が起きている。

本店ほどではないにせよ、ここの支店でも食事時からはずれた時間帯にこの行列、やっぱり相当の人気には違いない。二人でアホな会話をしながら二十分ほど待ったやろか？　やっと順番が来た。

「さあ、やっとやで、行こか！」

と店の中央にできた空席を指さすと、

「うん!」

結構待たされたにもかかわらず、子供は心から嬉しそうな表情である。オムライスのメニューを見せると、何を思ったか眉を寄せて囁いた。

「おっちゃん、おっちゃん(ひそひそ)」

つられてウエちゃんも声が小さくなってしまう(なんでやねん?)。

「なんやぁ?(ひそひそ)」

「オムライスがいっぱいあるでぇ。ハム・きのこ・チキン・ポーク・ビーフ。ええとぉ、あと読まれへんでぇ、難しい(ひそひそ)」

なるほど、オムライスの種類があまりに多いのに圧倒されてしまったらしい。

「牡蠣に貝柱に伊勢エビやぁ。大人でも読まれへん奴おるわぁ、心配すんなぁ(ひそひそ)」

と教えてやると思いっ切りの上目遣いでウエちゃんを見つめた。そしておもむろに、

「どれでもええのん?(ひそひそ)」

などと言うではないか。おいおい!

「あかん、あかん。牡蠣と貝柱となぁ伊勢エビは、子供が食べたら一発で死ぬでぇ。子供が食べてええのは上の五つだけや。自分、長生きしたいやろぉ(ひそひそ)」

子供は事の次第を理解したのか、薄っすらと笑みを浮かべ、

「おっちゃん、おっちゃん（ひそひそ）」

「なんやぁ（ひそひそ）」

「ほんなら、いっちゃん安いオムライスだけやねんなぁ？（ひそひそ）」

と言ってくれるでは、あぁ～りませんかぁ！

「正～解！」

とホッとしたウエちゃん、思わず普段の大声が出てしまった。あわてて周りを見回したが、誰も聞いていなかったようだ。よく考えると別に恥ずかしいことでもあらへんけど、やれやれやねぇ！

「ほんならボクはチキン！（ひそひそ）」

「よっしゃぁ！（ひそひそ）」

なんやかんやと言っている内に店の人が注文を取りに来た。

「いらっしゃぁ～い！　なぁんにするぅ、ぼくぅ？」

店がたて混んでいて忙しいのか本人の体調が思わしくないのか、ちょっとだけ無愛想である。

「いっちゃん安いチキンふたつぅ！　なぁ～、おっちゃん！」

「ははは！　ふたつぅ！（アホか！　ここで気ぃ遣わんかい、ガキ！）」

注文してから待つこと数分で、とうとう目の前に、ほっかほっかの卵とソースが載ったチキンオムライスがやって来た。この店で一番安い……。しかし！　はっきり申し上げましょう。伊勢エビが入ったオムライスなんか邪道、チキンが一番美味い！

ちなみに伊勢エビのオムライスは四千なんぼ。そんなん美味いわけがない！　……ホンマのこと言うと、死ぬまでに一回は伊勢エビのオムライスを食べてみたいとも思うウエちゃんなのでありました。

そんな考えを頭から振り払い、さぁ、食うぞ！とスプーンを握りしめたところで、ふと向かいの席を見ると、

「おっちゃん！　これ一体なんやのん？」

子供は怪訝《けげん》そうな顔をしている。

「何言うてんねん。さっき自分が頼んだ、いっちゃん安いチキンのオムライスやんけぇ！」

テーブルの上にある絵に描いたようなオムライスを見てビックリしたらしい。なにしろ実物は初めてやからねぇ！しばらくぽかんとしていたが、やがて、恐る恐る、ほんのひとかけ、端っこの方をちょびっとだけスプーンですくって口に運んだ。と思ったら、目を真ん丸にして、

「これがオムライスやのん？　めっちゃぁ、美味いでぇ！　こんなん初めてやぁ！」

と、店中に聞こえる大声で叫ぶ。おいおい！　一緒にいる方が恥ずかしいでぇ。

それでも、なんや嬉しぃ〜なってきて、

「ほぉ〜、そらよかったやんかぁ。テレビで見るんと一緒やろぉ！　どうやぁ？」

などと、ウエちゃん子供と一緒になって興奮してしまったんやねぇ。

「ほんまやぁ。『どっちの料理ショー』や『あまからアベニュー』でやっとったぁオムライスと一緒の形やでぇ、おっちゃん！」

名前も知らない小学生は大喜びである。こんな顔を見ると、泣く泣く薄い財布の中身を気にしながら自腹を切った甲斐があるというものである。ん？　たった今、嫁はんの恐い恐い顔が頭の上を通り過ぎていった！　よぉ〜な気がする。

「あんなぁ、家で食べるんと全然ちゃうでぇ！　いっちゃん安いオムライスでこんなに美味いんやったら、高いオムライスはもっと美味いでぇ！　なぁ、おっちゃん。そぉ〜思わへん？」

「あんなぁ、高いオムライスを子供が食べたら一発で死ぬ言うたやろぉ、さっきぃ！」

「ほんまかいなぁ？」

「ごっちゃごっちゃ言わんと、黙って食べんかいなぁ」

よっぽど美味いのか、むしゃぶりつくように食べている。

「めちゃんこ美味いでぇ！　おっちゃん（モグモグ）」

「ほんまやなぁ。やっぱりここのオムライスは大阪一やでぇ！（モゴモゴ）」

「おっちゃんは大阪中のオムライスを食べたことがあるんかぁ？（モグモグ）」

「ない！（モゴモゴ）」

「なんやぁ！　アホくさぁ（モグモグ）」

大阪人の会話は「アホくさぁ！」「なんでやねん！」「もぉ〜、あんたとはやっとれんわぁ！」「えぇかげんにしなさぁい！」の漫才の決まり文句で締め括られる。この小学生はまだ二年生やのにもう大阪人の会話を体得している。ほんま大阪は街中が漫才師だらけである。


子供はあっという間に食べ終わったオムライスの皿を持ってペロペロ舐めながら、

「おっちゃん！　しゃあけどここのオムライスはほんまにめっちゃぁ美味いなぁ。ボクなぁ、このことはなぁ、絶対に死ぬまで忘れへんでぇ」

とこんなことを言ってくれるでは、あ〜りませんかぁ！

「そらぁ〜、えらい長い話やのぉ〜！」

ちょっとしたツッコミを入れながらも、うぅうぅ……、思わず目頭を押さえるウエちゃんであります。

「おっちゃん、九州ゆぅ町を知ってるぅ？」

誰が見てももう舐めるとこ残ってへんやろ、顔が映ってるでぇ、というぐらいピカピカに舐め回した皿を、それでも手に持って眺めながら、突然子供が聞いてきた。

「あぁ〜、九州は町とちゃうけど知ってんでぇ！　なんでぇ？」

「お母ぁちゃんがおんねん！　妹と一緒に九州ゆぅ〜とこへ」

とさっき車内でちらっと口にした母親のことを話したいらしい。

「九州のどこか知らんのかぁ？」

とウエちゃんが聞くと子供はちょっとだけ首をひねり、

「わからぁん！　お婆ぁちゃんがいっつもなぁ、お母ぁちゃんは九州にいてる。……ゆぅて言うてるだけやねんけどなぁ」

と言う。なんや視線感じるなぁと思って横を向くと、隣の席の、眉毛は真っ黒やのになぜか髪の毛が金色でモンゴリアンの顔立ちをした若い女が、皿を舐めている子供とウエちゃんの大声が気に入らないのか、イヤそぉ〜な顔をして睨《にら》んでいる。

「ボクは行ったことあらへんのかぁ？」

と黒眉毛金髪の女がこちらを睨んでいるので小さい声で聞くと、

「あるでぇ！　しゃぁけど、ぼくが小さい時やったからあんまり覚えてへんわぁ」

と言ってまた皿を一周舐め回した。

「なんか覚えてへんかぁ、乗った電車とか遊んだ遊園地とかぁ？」

もう皿を取り上げた方がええんとちゃうやろか、と思いながらさらに手掛かりをつかもうと聞いてみると、

「新幹線に乗ったでぇ！　初めてやってん、新幹線に乗るん。嬉しかったでぇ。最後まで乗って、また特急電車に乗り換えたんや。そうや、新幹線の駅でなぁ、お母ぁちゃんと白いダシの美味しぃ～ラーメンゆぅのんを食べたでぇ！　ボクはお母ぁちゃんに子供用の小さいお碗に取ってもろぉて食べたんや！」

と話しながら徐々に身を乗り出してきた。幼い日のお母ぁちゃんとの短い、幸せな情景が少しずつ蘇《よみがえ》ってきたのであろう。

「あぁ～、ほんなら博多ラーメンやなぁ！　乗り換えた特急電車は何時間ぐらい乗ったか覚えてへんかぁ？」

もっと記憶をたどれば場所が特定できるかもしれない、と聞いてみるが、

「そんなんわからへんわぁ！」

と天井を見上げてしまった。

「他になんか覚えてへんかぁ？　何でもえぇでぇ。このおっちゃんに教えたってぇ！」

さらに尋問を続けるウエちゃんの顔を上目遣いに見ながら考え込み、コップの水を一気に飲み干した。そぉや、落ち着いて考えてみぃ！

「んんん……？　そぉやなぁ〜？　外国の軍艦や潜水艦があってぇ、水兵さんがぎょぉ〜さんこと歩いてたでぇ！　それから大きい遊園地へ行ったわぁ。なぁんか花ばっかりで、あんまりオモロイことはあらへんかったなぁ！　こんなんでわかるかぁ、おっちゃん？」

と藁《わら》にもすがるような顔をして聞いてくる。これでもウエちゃん、タクシー運転手の前は旅行関係の仕事である。それだけわかれば充分、大体見当がついた。

「外国の軍艦に水兵……。花ばっかりでオモロない広い遊園地かぁ……。わかった！　そこは長崎県の佐世保《させぼ》やでぇ！　間違いないなぁ。サセボとも言うけどなぁ。ぼくのお母ぁちゃんが居てるとこは、絶対にそこやでぇ」

すると、子供はビックリしたような顔になって、

「サセホ〜？　ほんまぁ〜！　そこ遠いんかぁ、おっちゃん？」

と叫んだ。またまた黒眉毛金髪モンゴリアン顔の女が睨んでくるが、それに構わず小学生は真剣な眼差しで聞く。

「遠いでぇ。飛行機やったら一時間やけどなぁ」

と言うと、「なんのこと？」といった顔で、ぽかんとしている。小学二年生にはさっぱり訳がわからないようだ。しょ～もないことを言ってしまった。

「おっちゃんのタクシーやったら、なんぼで行くのん？　一万円ぐらいかぁ？」

やっぱりまだ子供である。

「そりゃぁ、無理やぁ！　タクシーで行ったことあらへんけどなぁ」

そんな客がおったらなぁ、そしたら、一週間は何もせんでぇぇやろし……。などとあらぬ夢想にふけっていると、

「おっちゃん、タクシー代まけてくれたやろぉ。ほんで、生まれて初めてほんまもんのオムライスをおごってくれたやろぉ。こんな美味しいオムライス食べたん初めてやねん！　しゃぁから、高校生になったら一生懸命アルバイトしてなぁ、お金貯めてなぁ、おっちゃんのタクシーでお母ぁちゃんと妹に会いに行こう思うてんねん。えぇやろぉ！　行ってくれるかぁ？　なぁ、おっちゃん！」

とすがるような目をして訴える。そ、それは、困った！（うううぅぅう……。おおきに、おおきにぃ……）

「ボクなぁ、今日からお小遣いもいっぱい貯めるさかいにタクシー代は心配せんでもえぇでぇ。おっちゃん、連れていってぇ、九州までぇ！」

と幼い心にも本気の様子である。しかし、いくらなんでもそんなアホな話、思い込んだままではいけない。あきらめさせなければならない！

「しゃぁけどなぁ、大阪から佐世保までやったら十五時間ぐらいかかるでぇ。おっちゃん、そんな長い時間運転したら途中で死んでしまうわぁ！　堪忍してぇ」

と、苦しいながらも言い訳すると、

「ほんまぁ！　おっちゃんが死んだらアカンしなぁ。しゃぁないなぁ。お母ぁちゃんに会われへんなぁ」

と困ったような哀しいような顔をしてわかってくれたようである。

「しゃぁけど、ぼくぅ！　早いことお母ぁちゃんに会えたらえぇなぁ」

ホッとして子供に大きな声で問いかけると、

「ありがとぉ！　おっちゃん。ボクなぁ今、野球してんねん！　プロ野球の選手になって有名になってなぁ、テレビに出たらなぁ、お母ぁちゃんがボクのことを見てくれるやろぉ？」

またまたウエちゃんの緩い涙腺《るいせん》の蛇口を思いっ切りひねるようなことを言う。あかん！

オムライスのソースが付いたナプキンで目頭を押さえていると、

「ほんでなぁ、いっぱいお金もろてなぁ、お母ぁちゃんと妹と三人で暮らすねんでぇ！」

さらに追い討ちが来た！　なんということや！　鼻が詰まって、もぉまともに喋れへん！

「モ、モクぅ、ナんまりやぁ！　うぅうぅう……」

「うん、ありがとう！　おっちゃんもがんばりやぁ！」

「うぅうぅう……うわぁぁん！」

ふと隣を見ると、黒眉毛金髪モンゴリアン顔女も目の周りをパンダみたいにして泣いている！

「ほんならぼくぅ、オムライスも食べたことやしぃ、そろそろ淀屋橋の駅まで行こかぁ（ぐすっ）」

ウエちゃんが鼻をかみながら立ちかけると、子供は厨房の中にまで聞こえるような大きな声で、

「うん！　おっちゃん、ごちそうさま。ほんまに美味しかったでぇ！」

と言ってくれた。それから突然声を潜めて、

「やっぱりオムライスはいっちゃん安いチキンが、美味いなぁ、おっちゃん？」

さすが大阪の子ぉや！　ウエちゃん嬉しくなって、思いっ切り、

「なんでやねん！　えぇかげんにしなさぁい！」

と締め括ってやった。えぇ大阪人になるんやでぇ！

レジで会計を済ませ財布の中を見ると、今月の残り財産は千円札二枚。とほほほほ……。

伝説のガタロに泣かされる

とうとう、あの米国製巨大テーマパークがグランドオープンした！

テレビのニュースや情報番組、本屋で大阪の観光情報誌を見ていると、このテーマパークの話題で持ちきりである。

報道各社のたかりリポーターやライターが、「興奮！」「感激！」「最高！」等とのたまうたびに思い出すのが、番組タイアップの旅番組の食事シーンである。

まぁ、紹介施設からアゴアシ・土産付きで接待されているのだから仕方がないが、食べ物を口の中に入れると間髪を入れずに「まぁ〜、美味しい！　ジューシー！　フルーティー！」と言うのが昔から気になってしょうがない。（そんなに早いこと、味がわかるんかぁ？　肉を食べとんのに、フルーティーとかジューシーゆぅて一体どんな味やぁ？）……と思うのはウエちゃんだけなんやろぉかぁ？

このテーマパーク内には恐竜が出てくる施設がある。そう、あの有名な映画のシーンの再現である。ここに入ったたかりリポーターやライターは、「もぉ〜、本物の恐竜と瓜二つです！　すごぉ〜い！」と、昼に何を食わしてもろぉたんかは知らんけど、ごっつい白々しいことを言いよる。（瓜二つぅ……？　オマエはホンマもんの恐竜をいつ見たんやぁ？）……と根性の悪いことを思うんは、やっぱりウエちゃんだけなんやろぉかぁ？　ほんま、リポーターやライターという商売はけったいな仕事である。

大阪には、どう見ても「けったいやなぁ！」……という仕事がぎょ〜さんことある。タクシーの運転手をやっていると、そんな人たちが乗り込んできてこちらが別に聞きたくもないのに、なんやかんや色々とオモロイ話を聞かせてくれる。関西人は自分の恥をさらけ出して人を笑わすのが得意である。まぁ、ええ格好なんかせぇ〜へん、本音で生きている証拠やねぇ。

我が社にも客のオモロイ話に大笑いしすぎて側壁や電信柱、中央分離帯に激突して自損事故を起こす運転手が年に何人かいる。

運転手は会社への事故報告書の事故理由欄に〈客が腹筋キレるぐらい大笑いさせたから！〉と書いて会社に提出する。こんな事故理由を書く街は大阪以外にはないやろぉ。ほんまに大阪はけったいでオモロイ。

ほんの数年前まで、地下鉄が自動改札になる前までは、大阪の梅田や淀屋橋、本町やナンバ、天王寺の大きな地下鉄の駅には必ず回数券売りのオバはんがおった。

この話を大阪人にすると「おったおった！　おったなぁ！　あのオバはんら、今どないしてんねんやろなぁ」という話で間違いなく盛り上がる。

回数券売りのオバはん……？

はっきり言って大阪以外の人にはわかりづらい理解しがたい商売である。別に地下鉄の回数券を一冊ずつ売って、大阪市交通局から販売手数料を貰って商売をしているのではない。そんなんやったら、単なる地下鉄回数券売り場のオバはんである。回数券売り場のオバはんではなく、回数券売りのオバはんなのである。ここんとこを間違えんといてほしい。

回数券売りのオバはんの商売の仕組みは簡単である。

まず百円区間（仮に…）の回数券の一冊十一枚綴りを千円で買う。その回数券を一枚ずつ切り離して、客に百円で売る。一冊全部売り切ればオバはんは百円の儲けである。

今の金券屋の元祖みたいな商売である。しかし、ここで一つ疑問が生じる！　オバはんはそれで儲かるやろぉけど、客はなんで百円区間の回数券のバラ売りを百円で買うのか？

それはオバはんの売り方を実際に生で見ないとわからないであろう。滅茶苦茶速いのである。地下鉄の客が窓口や自動券売機に行って直接買うより、おそらく十倍ぐらいは速かったと思う。

イラチで有名な大阪人は、このオバはんの券売のスピードにしびれるのである。同じ料金なら速い方が絶対にいい。別に買う方は損しない。オバはんは儲かる。

大阪人の心理を巧みに衝いた、頭脳的な商売であった。しかしこのけったいな大阪らしい商売、大阪市の行政指導でいつの間にか消えてしまった。地下鉄の回数券売りのオバはんは、大阪名物やったのにぃ……。

ちょっと前に阪神高速道路のランプに入ろうとランプ進入支払い渋滞の道で待っていると、後ろの方から声が聞こえてきた……。

「高速券！　高速券！　渋滞緩和に高速券！　兄ちゃん！　高速券こぉ〜てぇ！」

なんとなんと、地下鉄回数券売りのオバはんは高速回数券売りに、とらば〜ゆしていたのである。

しかし、地下鉄と違っていたのは七百円の高速券が六百円だったということである。単なる移動金券屋に変身した回数券売りのオバはん！　なんとなく、哀しいような嬉しいような複雑な思いである。

某月某日

「運ちゃん！　頼むから乗せてぇなぁ」

と突然小汚い、いやいやかなり汚いオッサンが窓越しに言ってきた。

「前のタクシー、だぁ〜れも乗せてくれへんねん！　お前汚い！……言うて」

「おっさぁん！　そんな汚いむさい格好しとったら誰も乗せてくれへんでぇ」

タクシー運転手はシートが汚れるのを嫌がって、雨の日の子供連れや汚い服の人間に対して乗車拒否をよくする。しかし、周りを冷静に見渡したら自分自身が一番汚い。そこに気がつかないのが、タクシー運転手である。

「おっさぁん！　そんなに汚いんやさかいに、市バスか地下鉄で帰ったらえぇやんかぁ？」

「アカンアカン！　運ちゃん。こんなん汚すぎて市バスや地下鉄に迷惑がかかるがなぁ！」

（おいおい！　タクシーならえぇんかぁい？　おっさん！）

「運ちゃん！　金はあんねんでぇ。ほれぇ！」

「ありゃぁ！（ウエちゃん目が点）」

「運ちゃん！　チップ弾むがなぁ！」

「えっ！　チップ！（ウエちゃんの脳味噌、只今、金色夜叉状態）」

「お客さまぁ……それでどちらまで行きはりますかぁ？　はい（手揉み揉み揉み！）」

「あんたぁ、急に態度変わってへんかぁ？　夕陽丘やぁ！　大阪市天王寺区夕陽丘」

「夕陽丘やったら四千円ほどかかりますがぁ……？」

「ほんなら、ほれえ！　一万円。先に取っといてぇ」

「はぁ〜？」

「汚いワイを乗せてくれるんやったら、釣りは要らんでぇ。運ちゃん！」

「ひぇ〜えっ！（バタッ！　失禁・失神寸前）」

「しゃぁけどえらい汚い格好でんなぁ？　お客さん！　そんなえげつない格好で一体何の仕事をしてまんのん？　ちょっとだけやけど臭いまっせぇ！」

「『ガタロ』やがなぁ！」

「えっ！　ガタロ……？　ゆぅ〜て……？　あの『ガタロ』でっかぁ？」

「ほかにどんなガタロがあんねん？　運ちゃん！」

「へぇ〜！　まだ大阪にガタロが残ってましたんかいなぁ？」

「多分、ワイが大阪で……、いや日本で最後のガタロとちゃうかぁ？」

いやいや、ほんまに珍しい！

ひょっとしたら、奈良県明日香村のキトラ古墳の、朱雀《すざく》の絵より珍しい！（かも？）

もうすでにこの世から姿を消したと言われているガタロが、なんとまだ大阪に存在していたのである。ウエちゃんが大好きな織田作之助の小説の中で、上方落語の中で、大阪もんの歌謡曲の中でしかお目にかかったことがなかったあの著名なガタロが、今まさにウエちゃんのタクシーに乗っているのである。

大阪には横町（横丁）と名の付く街が山のようにある。一番有名なのは小説の『夫婦善哉』や歌謡曲の「月の法善寺横丁」でお馴染みの、ミナミは千日前をちょこっと入った所にある法善寺横丁であろう。

織田作之助の文学碑も誰に見られることもなく、
行き暮れてここが思案の善哉かな
と静かに法善寺横丁の片隅で毎日毎日、酔客を見守っている。「おばはぁ〜ん！　頼りにしてまっせぇ〜！」という森繁久彌さんの名台詞がどこからか聞こえてきそうな街である。

通天閣の新世界（俗町名）を南へちょっと歩けば『じゃりン子チエ』（はるき悦巳）の舞台で、朝から晩までホンマモンのテツがヤタケタを言いながら歩いているジャンジャン横丁。その、ジャンジャン横丁から南へ五分も歩けば『てんのじ村』（難波利三）、『てんのじ村の芸人さん』（辻脇保夫）の舞台にもなり、向こう三軒両隣街中すべて芸人が暮らしていたという今はなき芸人横丁があった。

てんのじ村跡にはひっそりと「上方演芸発祥之地」と書かれた〈てんのじ村記念碑〉が立

っているだけである。

十年ほど前までウエちゃんが住んでいた某公団住宅は、「てんのじ村」が移ってきたのではないかと言われるほど芸人で溢れ、芸人横丁ならぬ芸人団地と呼ばれていた。ワイ、芸人団地に住んでまんねん！……と言うだけでほとんどの人が「あ～！　なぁ～んやぁ、あそこかいなぁ」と頷くぐらい大阪では有名な団地である。

当時その芸人団地には似非大学助教授風な桂B珍さん、大酒飲みで毎晩深夜に大声で帰ってきた故・林家K染さん、ナニワの借金王でベテラン漫才師のN田Bタンさん、「とぉ～るちゃん！」のネタ一筋でちょっと女っぽい酒井Kにおさん等々、師匠クラスの芸人さんから若手まで沢山の芸人が暮らしていた。

ちなみに、ウエちゃんと同じ棟ではウエちゃんの部屋の前が酒井Kにおさん、二階上が桂B珍さん、もう少し上が故・林家K染さんの自宅であった。

一度、ウエちゃんが自治会の役員の時に無謀にも〈団地在住芸人寄席〉を企画したことがあった。各芸人さんたちにノーギャラ、弁当お茶付きで出演依頼をお願いしたところ、ヤクザな所属事務所の垣根を飛び越えて出演希望者が集まるわ！　集まるわ！　弁当とお茶を目当てに、なんと二十数組も集まってしまったことがある。

もう一つ大阪人に馴染みの深い横町に阪急梅田駅古書街の河童横町がある。この河童横町、一応「かっぱ横町」と読むのだが……。

大阪が生んだ小説家・織田作之助は大阪市天王寺区上汐町四丁目で生まれている。場所的にわかりやすく言うと近鉄・上本町駅。上本町六丁目（通称・上六）の近鉄劇場や近鉄小劇場から西へ二百メートルほど歩いた場所である。

ちなみに織田作の墓所は上六から北へすぐの某寺にある。ウエちゃんはいつもその寺の前を通る時は必ず墓所に向かって「センセ早いこと、立派なモノ書きさんにさせてやぁ！」と掌を合わせている。近松門左衛門や井原西鶴、大高源吾の墓も近所にあり、すべての墓所に掌を合わせている。もう、この界隈はずぅ～と手放し運転やねぇ。ほんま、大丈夫やろかぁねぇ？

織田作の小説の舞台は、自分自身が生まれて育った上汐町から黒門市場、千日前から法善寺、道頓堀界隈が多い。その話の中によく登場するのが上塩（汐）町の河童横町である。作品には読み方のルビが振ってないので大概の人が「かっぱ横町」と読む。しかし織田作の作品の河童横町は「ガタロ横町」と読むのが正しい読み方なのである。

実はウエちゃん、前々から疑問に思っていたのだ。もし、阪急梅田の古書街の名前が織田作之助から取ったものであれば……？

ガタロ……？　一体なんやねん！……と、ほとんどの人が思うはずである。

〈ガタロ〉は大阪でもほとんど死語になっている。最近は辞書や辞典にも載ってへんことがよくある。いやいや、ほんまに哀しい話やねぇ。

「円周率を〈3〉丁度にするんやったら〈ガタロ〉を残せぇ！」

と言いたいねんけど、そんなん言うたら誰かに怒られるんやろかぁ？

関西では昔からカエルを〈ガタロ〉と呼ぶ。漢字で書けば〈河太郎〉と書く。関西各地の民話を図書館で読んでいると色々なガタロ話が必ず出てくる。一部の土地では河童をガタロと呼んだりもするらしい。

しかし、ウエちゃんのタクシーに乗り込んできた汚い臭いオッサンが河童やカエルなわけはない。

大阪にはガタロという珍しい仕事があるのである。

ガタロは八百八橋と呼ばれた水の都大阪の、水路や運河に夏でも冬でも一年中入って、ドブ川の中にある鉄屑《くず》や貴金属類を集めて鉄屑商などに売る商売である。そのガタロが集まって住んでいた街をガタロ横町と呼んでいた。歌手のフランク永井さんが歌って大ヒットした「大阪ぐらし」の歌詞の中にもガタロ横町が出てくるし、上方落語の「代書屋」の話に出てくる間抜けな主人公の仕事もガタロである。

「お客さん！　どないでんねん？　最近のガタロは」

「川がなぁ、埋め立てられて綺麗に整備されて、さっぱりわややでぇ！」

「最近はどんなもんを拾ろぉ〜てますのん？　やっぱり鉄屑でっかぁ？」

「この頃はパソコンやテレビ、携帯電話ばっかりやでぇ。時々は指輪もあるけどなぁ！」

「へぇ〜！　携帯でっかぁ？　時代でんなぁ」

「あれなぁ、喧嘩したりして川にほるみたいやでぇ。運ちゃん！」

「ほぉ〜！」

「一日に十個ぐらい出てくる時もあんねん！　びっくりやでぇ。大阪でガタロやってんのワイ一人のはずやさかいにガタロ丸儲けやでぇ」

「携帯はなんぼぐらいで売れまんのん？」

「携帯は百円やぁ！　乾かして部品をまた転売するらしいでぇ。テレビは五百円前後やなぁ！　パソコンは千円前後やでぇ。仕入れはタダやさかいになぁ」

「へぇ〜！」

「最近はなぁ、家電リサイタル…なんとかぁ…ゆぅのが出来たやろぉ？　運ちゃん！」

「ははは っ！　それを言うなら家電リサイクル法でんなぁ」

「それそれぇ！　それで不法投棄が多いさかいになぁ、ごっつい忙しいねん！　あっ！　ちょっと待ってぇ、運ちゃん！　ストップ！　停まってぇ！　ちょっとバックしてぇ」

「はぁ～、なんでっかぁ？」

「そこの川に冷蔵庫が棄ててあんでぇ！　ちょっと拾ろぉてくるわぁ！」

「えぇ～！　どこぉ、どこにぃ？　よぉ～、見えまんなぁ？」

ウエちゃんが車を停めた途端、ガタロのオッサンは飛び出していき、あっという間に小さな冷蔵庫を拾ってきた。ん？　ということは……、嫌な予感！

「よいしょっとぉ！　ちょっとトランク開けてくれへんかぁ、運ちゃん！」

「えぇ～っ！　それびしょびしょに濡れてまっせぇ。ドロドロやしぃ。トランクの中が泥だらけになりまんがなぁ！」

「何を言うてんねん自分！　さっき一万円の先金を満面の笑顔で受け取ったやんけぇ。文句なぁんか言わせへんでぇ！　ひひひっ！」

「えぇぇ～っ！　そんなぁ！（ガクッ！）」

その昔、伊豆の某温泉旅館に二人の紳士がやって来て一年後の平日の全館貸し切り予約をした。その際に、ン千万円をポンと置いて帰ったそうな。一年後にやって来たのは極道様御一行が乗った超豪華団体サロンバス三十台だったとさ。

みなさん！　どんなことがあっても先金なんか絶対に受け取ったらあきまへんでぇ。ホンマにえらい目に遭いまっせぇ！　もぉ〜、わややぁ！

カメちゃんの西アジア熱波横断紀行！

大阪を離れて日本各地、世界各国で頑張ってはるみなさん！　大阪名物の造幣局の桜の通り抜けが四月十七日から始まりましたでぇ！　八種三百七十三本の八重桜は満開、ＪＲ桜ノ宮から京阪・天満橋の大川沿いには香具師《やし》の出店が並んで大賑わいやでぇ。今年は「覗きカラクリ」や「蛇女」の見世物小屋が出てへんわぁ。懐かしいでっしゃろぉ？　はよぉ帰えっといでやぁ！

突然ですが最初に一言！

「お前らアホちゃうかぁ！　ほんまにプロかぁ？」

これは阪神タイガースのことを言ってるんとちゃいますぅ。

ウエちゃんは職業柄ラジオを一日中聞きっぱなし、昼ぐらいから深夜過ぎまでの勤務やから、毎日十時間にもなる。それほどずぅっとラジオを聞いていると、前にも書いたが、時々、とんでもない放送を耳にする。先日もこんな会話が耳に飛び込んできた。

男局アナ「今度、自民党の総裁選挙に出た麻生太郎さん、知ってるやろぉ？　麻生さんは政界のサラブレッドなんやでぇ！」
女局アナ「そんな人、知らんわぁ！　前世は馬やったん？」
男局アナ「なんでやねん！　お爺さんがあの吉田茂やぁ。義理のお父さんはあの鈴木善幸さんなんやでぇ！　びっくりやろぉ？」
女局アナ「ふぅ～ん！　ほんでぇ、その人たちはみんなエライ人なん？」

これが何千倍の狭き門を突破して放送局に就職した、在阪某女子アナ様のお言葉である。（お前の脳味噌は一体どないなっとんねん！　一回ちょっと見せてくれぃ）と、タクシーの中でラジオ周波数のデジタル画面に向かって突っ込んでいるウエちゃんなのです。ナンシー関さん、弟子にしてくれへんやろかぁ？　消しゴムいっぱい持っていくさかいに。

これまた、関西ローカルの情報番組での話である。

アフガニスタンのバーミアンにある石仏が砲撃破壊される事件があった。そのニュースを伝えた後、ニュース解説者が女子アナに「自分なぁ、バーミアンて知ってるかぁ？」と聞いたら、「あぁ～！　あそこ安くて美味しいですよねぇ。私、大好きでぇ～す！」と本気で答えていた。解説者の頭の中は勿論「……？？？」である。この女子アナの言う「バーミアン」とは、全国展開をしている格安中華ファミリーレストランのことである。

（お前なぁ、アフガン遺跡砲撃破壊のニュースの時になんで中華レストランやねん！）

と突っ込むのはウエちゃんだけかぁ？

さらにさらに、少し前のことである。

経済ニュースは本気でやるのに、情報番組はなぜかヤラセが多いので有名な地域限定全国ネットの某テレビ局が、親子のタクシー運転手と俳優を乗せユーラシア大陸を横断してロンドンまで行く〈感動の〉ドキュメントをやっていた。

この番組はタクシー運転手仲間でも評判になったが、それに対する感想はと言うと「テレビ局や現地のコーディネーターがついてって訪問国の政府観光局が後援してるんやから、誰にでもできるやんけぇ。何が感動のドキュメントやぁ！　嘘つけぇ！」というものばかりであった。

猿岩石の大陸横断の番組と出版本の大成功から、同じような横断ものが各局、各版元でこぞって作られるようになった。旅行記が大好きなウエちゃんはどんなものでも読み漁るが、この流行で出版された旅行記の多くは、素人本人が書くので非常に当たり外れが大きい。最近読んだ一押しのしょ〜もなぁ〜本は、『小心者の海外一人旅（僕のヨーロッパ放浪日記）』

（越智幸生）である。

さて、これらの番組や旅行記を見ていていつも思うのは、毎日毎日、ウエちゃんと同じ場所で日がな一日鼻くそをほじりながら客待ちをしているカメちゃん（仮名）のことだ。

頑固もん個人タクシーのカメちゃんは大正十五年生まれ、御歳七十六歳の大阪市内でも屈指の高齢運転手。最近、足腰が弱くなり物忘れも激しくなってきた。ブレーキのタイミングも間違いなく緩慢になってきている。おそらくもうあと数年で引退であろう。

しかしこのカメちゃんは、世間では知られていないが、日本人で最初の偉業を成し遂げた輝かしい過去を持つ運転手なのである――。

カメちゃんはその昔、大阪の某観光バス会社で運転手をしていた。まだ海外旅行なんか珍しかった三十五年以上前の昭和四十年、東京でオリンピックが開催された翌年の話である。一ドルが三百六十円のボッタクリの時代だった。もしその時代に外国為替ボッタクリ条例があったなら、間違いなく外為関係者全員逮捕されていたであろう。

そういう時代にカメちゃんが残した偉業とは、なんと無謀にも大型観光バスを神戸港から船積みして出発、イタリアはローマからインドのカルカッタ（現コルコタ）まで、何日もかけて（何日かかったか本人が全然覚えていない）観光バスで灼熱の西アジア大陸約三万キロを（本人談だから距離はちょっと怪しい）日本人として最初で最後の走破をしたという知る人ぞ知る大冒険旅行をしたことである（実際、誰も知らない！）。そのバスには、まだ飛行機に乗るだけで町内会の英雄になる時代だというのに、ローマから空路合流した命知らずの金持ち日本人観光客が大金を払って二十人も乗っていたというのだから二重の驚きである。なぜ最初で最後かとカメちゃんに聞くと、あまりにも馬鹿馬鹿しくて後年誰もやらなかったらしい。……いやいや、納得！

「一体、なんでそんなことをしたん？」

と本人に聞いてみたところ、

「なんでやろぉなぁ？　全然、覚えてへんなぁ〜！」

だそうである。記憶がまったくない。

この三年ほど、客待ちの折に触れて大陸横断の話を聞いてみたが、一向に話が進展しない。いつも前半部分のイスタンブールまでの同じ話で、そこから先のウスクダラから中東を経てパキスタンのカラチ、そしてインドのカルカッタまでは今もって辿り着けないのである。最近のテレビドキュメンタリーものなんかとは違い、現地のコーディネーターがぴったり寄り添っていたわけではない。カメちゃんの場合は、何のタイアップもなく、行き当たりばったりとも思える冒険だったところがエライのだが、もう肝心の本人の記憶が歳とともに散漫になっている。まぁ、はっきり言ってボケてきはったんやけど……。

何か手掛かりが得られないかと、根掘り葉掘り尋ねてみるのだが、日記はつけなかったし、当時の旅券も紛失して出入国の記録さえ一切残っていないと言う。一緒に走った交替運転手や客はもうほとんどが死んでしまったか、カメちゃんと同じように記憶が散漫になっているらしいから、記録として残っているのは、「宝物」だと称して肌身離さず持っている、中東の兵士や山岳ゲリラたちと一緒に写った数枚の写真だけ。ボロボロになったそれらの写真を見せてもらうと、そこには三十数年前のスリムで若々しいカメちゃんが笑っている。

つまりまあ、この旅行を再現する方法は皆無なわけで、本当に本当に残念な話である。あと十年早くカメちゃんと知り合いになっていたら……。

仕方がないので、この三年間何回も何回も聞かされた、ほんの少しだけの大陸横断の話をここに記録として残すことにする。

タクシー運転手仲間で、ウエちゃんと三十歳以上も違うのに仲良くしてくれているカメちゃん。未曾有《みぞう》の繁栄の片隅で風化して誰にも知られずに埋もれようとしている日本人初の偉業が後世に残ることを願います。

今年の正月明けのある日、いつもの所で某社の新製品「そばめしパン」を食べながら客待ちをしていると、カメちゃんが突然、イチローの盗塁のように脱兎の如く駆けてきた。

「はぁはぁはぁ……。ウエちゃん、思い出したでぇ！　はぁはぁ。死ぬぅ〜！」

「大丈夫かいなぁ？　カメちゃん！」

今ではみんなから「鈍ガメ」と笑われて動きが緩慢なカメちゃんだが、若い頃は「隼《はやぶさ》のカメ」と呼ばれ、バス業界やタクシー業界をブイブイ言わしてたらしい！……んやけど（本人談やから）。

「神戸からバスを船便にして、ワイらは空路ローマへ入った言うてたやろぉ？　あれ勘違いやわぁ。横浜から船に乗ってソ連のナホトカに入ったんやぁ！」

「えぇ〜っ！　なんで思い出しましたん？」

「大晦日になぁ、紅白を見てたらなぁ演歌の若い兄ちゃんで『やだね　やだね』言うとる奴がおるやろぉ？　あいつ見て思い出してん！」

「氷川きよし、やねぇ？」

「そいつそいつ！　その氷川！」

「えぇ〜っ！　ひょっとしてぇカメちゃん、氷川丸に乗って行きましたん？」

「そんなん乗ってへん！」

「なんじゃぁ、そりゃぁ！」

さてさて新事実であるが、カメちゃんはナホトカから大陸横断鉄道に乗ってモスクワを経由してローマに入ったらしい。

そうなると、横浜→ナホトカ→モスクワ→ローマ→アテネ→イスタンブール→バグダッド→テヘラン→カラチ→カルカッタと、三十五年も前に、ユーラシア大陸の四分の三をホテルの予約もせず走破したことになる。それも旅の途中であの「死海」で泳いだと言う。死海で泳いだ日本人は、まぁハワイのワイキキビーチで甲羅干しした人なんかに比べれば、今の時代になってもわずかであろう。ましてや昭和四十年代、これがホンマの話ならえらい快挙である。

しかし帰国した時もその後も、マスコミからの取材要請などは一回もないと言う。最近はカメちゃんに大陸横断の話を聞くたびに、色々な旅が重なり合い話が入りまじってきた。突然、台湾やマニラへ行った話が出てくるし、この冬に城崎温泉でカニを食べた話も出てくる。

タクシー運転手の話は、話数十倍の大ボラが多い。この話、ホンマやろかぁ？

カメちゃんに大陸横断の話を書きたい旨を伝えると、突然にエライ張り切って、家の奥で眠っている資料を必ず探し出してくると言い出した。もう残り少なぁになってきたカメちゃんの生命の炎が燃え尽きる最後の瞬間でなければよいのだが……などと心配しながらも、少しだけ淡い淡～い期待をしていたウエちゃんでした。

しかし、カメちゃん家の押し入れから何か有力な物的証拠が探し出されることなく月日は過ぎ、季節が変わって春になり、気候が良くなると一段と物忘れが激しくなるカメちゃんの大陸横断話は、依然としてイスタンブールで立ち往生したまま、アジア方面へはなかなか入ってこない。

時々、アジアとヨーロッパを分けるボスポラス海峡を渡り、江利チエミの歌で一躍有名になったアジア最西端の町ウスクダラまで来て、「もしや！」とウエちゃんの胸をくすぐることもあるが、すぐローマまで帰っていってしまう。こりゃぁ、早いことせぇへんとえらいこっちゃぁ！　でもなぁ……？

ところが、である。

もう夏は目の前やなぁ、しかし客は来ないしのんびりしすぎとちゃうやろぉかぁ？　暇やなぁ、エエんやろかぁ、といつもの所で、某社新製品「ペコちゃんミルキーパン」を食べながら客待ちをしていたある午後、またまたカメちゃんが新庄の盗塁のように脱兎の如く駆けてきた。

「ひぃひぃひぃ……。ウエちゃん！　あったでぇ。ひぃひぃ。死ぬぅ〜！」

「大丈夫かいなぁ、カメちゃん？　ほんでぇ、何がぁ？」

「旅行の時に書いた覚え書きがぁ！　ほれぇ」

息切れしながら、差し出す黒黄土色に変色した数枚のボロボロの紙。

「えぇ〜っ！　ホンマやぁ〜！　やったぁ！」

「どやぁ？　ウエちゃん！」

カメちゃんは、覚え書き一つで物凄い自慢である！　鼻がグングン伸びて電線に引っかかりそうやねぇ。

「カメちゃん！」

「なんやぁ？」

「もぉ、いつ死んでもえぇでぇ！」

「なんでやねん！」

カメちゃんが持ってきたのは、大まかな行程が鉛筆走り書きのミミズ字で書いてある馬糞《ばふん》紙（ワラ半紙の粗悪品）四枚。

それでは、カメちゃんの的確で不正確なコメントを入れながら旅行覚え書きを紹介しよう。なぁ〜んか、めっちゃ不吉な予感がする。

昭和四十年（一九六五年）

七月六日　夕刻　大阪駅より寝台急行にて横浜へ（列車名不明）

七月七日　正午　横浜港　出港（ソ連船籍客船・船名不明）
七月八日（早朝に津軽海峡を通過。終日船にてソ連の小便ビールを飲んで寝る！）
七月九日　午後六時　ナホトカ港入港
　　　　　午後八時　ナホトカ駅出発
七月十日　午後三時五分　ハバロフスク駅到着
　　　　　午後六時五十五分　ハバロフスク空港出発（初めてのジェット機で大興奮）
　　　　　午後九時二十五分　モスクワ空港到着
　　　　　　午後十一時三十五分　モスクワ駅出発（白ロシア停車場）
七月十一日　午後六時二十分　ワルシャワ着
　　　　　　午後七時三十分　ワルシャワ発
七月十二日　午前七時五十五分　ウィーン着
　　　　　　午前十一時五十分　ウィーン発
七月十三日　午前八時四十分　ローマ着（到着後、バスの受け取り）

「カメちゃん！　大阪から約一週間かけて、やっとローマまで着いたやんかぁ？」

ウエちゃんが鋭く突っ込むとカメちゃんはキョトンとした顔をして、

「へぇ～！　一週間かいなぁ！　ほんでぇ、それ一体誰が行ったん？」

完全に他人事のようである。

「あんたやぁ！」

何十年も前の話とは言っても、「誰が」はないやろ、「誰が」は！　ほんまにどないなってんねん！　暖簾《のれん》に腕押しとわかっていながら、ウエちゃん、つい声を荒らげてしまった。

「ハバロフスクからモスクワまで飛行機で飛んだんやなぁ？　全然覚えてへんでぇ！」

腕組みをして顔をしかめるカメちゃん！　すでに不安になってきたので、恐る恐るカメちゃんに聞いてみる。

「大丈夫かいなぁ！　これから先まだ長いでぇ！」

なんといってもまだローマに着いたばかりである。こんな所でわからなくなっていたら、いつも聞いているイスタンブールさえ雲の彼方だ。

「モスクワからの汽車なぁ、ヨーロッパに入ったら軌道の幅がちゃうねん！　どっかの駅で客車を吊り上げて台車を取り替えたんは覚えてるねんけどなぁ！」

おぉ～！　カメちゃん、とうとう記憶がちょっとだけ戻ってきましたぁ！

「へぇ～！　どこでぇ？」

「さぁ？　ずうっとビール飲んでパンとソーセージ食べて寝てたから覚えてへん！」

「なんじゃぁ〜、そりゃぁ！　しっかりしてやぁ！　忘れてばっかりやんかぁ、カメちゃん！」

思わず叱咤激励態勢に入ったウエちゃんだったが、

「怒りないなぁ、ウエちゃん。そんなん言うけどなぁ、自分なぁ、一年前の今日のことを覚えてるかぁ？　おとといの夕飯は何やったぁ？　さぁ、言うてみてみてみぃ〜！」

と立て続けに口撃されてしまった。そらぁ、覚えてへんわねぇ。すんません！

七月十五日　午前八時　ローマ↓　午後十二時三十分　フィレンツェ（280K）・午後二時　フィレンツェ↓　午後六時四十分　ベニス（262K）

七月十六日　午前八時　ベニス↓　午前十時五十分　トリエスト（175K）・正午　トリエスト↓午後九時三十分　ベオグラード（548K）

七月十七日　ベオグラードにて終日市内観光

七月十八日　午前八時　ベオグラード↓　午後三時三十分　スコプリエ（460K）

「カメちゃん！　フィレンツェやベニスも行ってるやんかぁ。カッコえぇなぁ！」

「ふぅ〜ん、誰がぁ？　覚えてへん！」

カメちゃんはウエちゃんの昼飯のパンを千切って、鳩にやりながら知らん顔である。

「とうとうユーゴスラビアに入ってギリシャ国境近くまで来たでぇ！　明日はギリシャのテッサロニキやでぇ。アテネまでもうちょい！　凄いんちゃう？」

「ふぅ～ん、一体それどこやぁ？」

「……………！」

もう自分が踏破した地名さえ全然覚えていない鈍亀のカメちゃんなのであります。

「カメちゃん！　もう聞いてもほとんど無駄やと思うねんけど、どうやったたぁ、イタリアとユーゴは？　どこへ泊まったん？　何、食べたぁ？」

「（ちらっ……、ちらっ……、横目！）んんん～ん？」

「色々とどうもありがとうございましたぁっ！」

カメちゃんの覚え書きを見ると、なんと大陸横断は八月二十五日まで延々続いている。ローマからカルカッタまでの全走行距離は一万六千四百六十二キロ！（やっぱり話半分やぁ）まだ十分の一の千五百キロしか走ってへんのにぃ……。ほとんどの出来事を忘れてしまったカメちゃん。

残りは一体どないなんねん？（はぁ～、ううぅぅぅ）

カメちゃんは個人タクシーの運転手である。若い頃、西アジア大陸をバスを運転して横断しブイブイ言わしていても、寄る年波のせいか最近は目の調子が悪く、夜の運転ができなくなってきた。仕方がないので個人タクシーの特権をフルに利用して、外が明るいうちだけ、つまり夜明けから日暮れまでの営業運転をしている。当然、夏と冬の営業時間は数時間の違いが出てくるが、相変わらず無欲のマイペースである。ウエちゃんは、こういった無欲の人を助けてあげたいと日頃から常々思っている。

個人タクシーというのは、自分の好きな時間に好きなだけ仕事ができるので、ウエちゃんなんかのように会社管理のタクシー運転手にとって羨ましい限りである。

同じ場所で毎日毎日、長時間の客待ちをしているもう一人の個人タクシーの柿ちゃんも気楽なもんで、昼に自宅の車庫から出てきたかと思うと夕方には姿が見えなくなっている。

「柿ちゃん！　どないしましたん、昨日は？」

仕事の途中で体調でも崩したのかと心配して聞いてみると、

「ひっひっひっ！　売上がなぁ、一回で簡単に八千円超えたさかいになぁ、もぉ家に帰ってん！　がっはっはっ！　昼の一時に出庫してやでぇ、夕方の四時には入庫やでぇ、ウエちゃん！　ほんまにこの商売しびれるのぉ〜！」

と言う。アホくさぁ〜！

こなたぁ〜、柿ちゃんは身長百五十五センチ、体重四十五キロの超小柄！

かたやぁ〜、柿ちゃんの奥さんは身長百六十センチ、体重六十五キロでほんのちょっとだけ、気持ちだけ、がっちり型！　これだけでも柿ちゃんの家庭での力関係がなんとなく見えてくる。で、奥さんは柿ちゃんが自宅の車庫から個人タクシーを出すと、器具と材料一式を車庫に持ち込んで、大阪にはどこにでもある街のタコ焼き屋さんをやってはります。幸いホースバンビちゃん高校が近くにあるということもあり、一皿十個百円のタコ焼きは大人気。しゃあけどここだけの内緒の話、十個中七個ぐらいはタコ入ってまへん！　タコの代わりに食感がよぉ似てるコンニャクで誤魔化してまんねんけどねぇ。まぁ、大阪は美味かったら何でもえぇんですわぁ！

そんなわけでこのタコ焼き屋、一日の売上が個人タクシーの柿ちゃんよりも多い。個人タクシーは道楽みたいなもので、言ってみれば大阪版「髪結いの亭主」ですなぁ！　ホンマに羨ましぃ！

「ほんま個人タクシーはよろしいでんなぁ。柿ちゃん！」

「ウエちゃん、特権、特権！　これはなぁ、神様が個人タクシーに与え給うた特権やでぇ。わっはっはっ！　小便ちびるわぁ。がっはっはっ！」

「我慢せんでえぇから早よー、ちびんなはれぇ！　柿ちゃん！」

「なんでやねん！」

毎日毎日がこんな風やから、カメちゃんも柿ちゃんものんびりと仕事を楽しんでいる。その分運転に余裕ができ、客との会話も自然と弾み話題が豊富になってきて、ちょ～オモロ話をウエちゃんに色々と教えてくれる。しかし、大変残念なことではあるが、カメちゃんや柿ちゃんが聞かせてくれるオモロ話はあまりにも刺激が強すぎてここでは絶対に書けない。いつの日か、ウエちゃんの講演会が実現したらこの話をしようとネタとして取ってはあるんやけど……。さぁ～、一体いつになるのやらぁ？

今日も今日とて、大阪湾の空に浮かぶ入道雲と悲しい色をした大阪の海をながめながら「なんかエエ話ないかいなぁ！」といつもの海遊館で新製品の「ハムおにぎり」を食べながら客待ちをしていると、カメちゃんが突然、清原の三塁打のようにドッタドッタと走ってきた。

「はぁはぁはぁ……。ウエちゃん、ウエちゃん！　はぁはぁ。死ぬぅ～！（ドテッ！）」

「大丈夫かいなぁ、カメちゃん？　おいおい、とうとうカメが死んだでぇ～！」

と周りの同じく暇でしょうがない運転手仲間に大声で知らせると、

「誰がやねん！　まぁだ生きとるわい。まだあと二十四年は生きるんじゃぁい！」

とカメちゃんはムクッと起き上がって信じられへんくらいに元気がいい！

「なんでぇ？」

と半端な年数を不審に思ったウエちゃんが問いただすと、

「テレビの宣伝に出るねん！」

とわかったようなわからんよぉな返事をする。まあなんとなく先は見えてきたが、さらに聞いてあげるのが大阪人の会話というものである。

「どんなぁ？」

「カメは百歳！　カメは百歳！　ゆぅ～宣伝やぁ」

「ははは っ！　もぉ～、あんたとはやっとれんわぁ（チャンチャン）」

やっぱり……。えぇ～、大阪での基本的なボケとツッコミでした！

「カメちゃん、ほんでなんでんねん、一体？」

あまり大きな期待はできへんところやけれど、どうせ暇やし、と一応聞いたウエちゃんである。

「いやぁ～、あんなぁウエちゃん！　ワイのことを書いてくれるんやろぉ？」

ときた。カメちゃんは我が身の話が活字になると聞いたその日から、嬉しくて嬉しくて町内会や老人会に言いまくっているのである。

「書きまっせぇ～！　ローマからカルカッタまで行ったカメちゃんのアジア大陸横断爆走記。

書かせてもらいまっせぇ！　これでウエちゃんも来年の文学賞を全部貰いまっせぇ〜！」

とウエちゃんはいつものように大風呂敷を広げた。

「それそれ！　それやがなぁ。旅行記の中に出てくるワイの名前のことやねんけどなぁ！」

「そらぁ、心配せんでもよろしいですわぁ。全部、仮名にしまっさかいにぃ！」

とまかせてくれとばかりに胸を叩くと、カメちゃんがスリスリと擦り寄ってきて、

「それやねんけどなぁ、男前のウエちゃ〜ん？」

とオネェ言葉になってしまった。（うっ、なぁんか嫌な予感！）である！

「できたらワイの本名を出してくれへんやろかぁ？」

「なんでぇ？」

「ごっつい宣伝になるやんけぇ。ウエちゃんが書いたもん読んだ全国の人がやでぇ、大阪へ来た時に一回ワイのタクシーに乗りたい！　ゆぅて来るかもしれへんやんかぁ？　なぁっ、頼むぅっ！」

とどぉ〜もこの御老体は八十歳を前にして銭儲けに色気が出てきたらしい。

「カメちゃん！　あんたはえぇ歳こいて何を考えてまんねん？」

「ウエちゃんと一緒で、なぁ〜んも考えてへんでぇ！」

「嘘こけぇ！　あきまへん、ウエちゃんの書きもんで商売は絶対に許しまへぇん！　商いは

自分の努力でやりなはれ！　ほんならいつかきっと立派な真っ赤な色をした銭の花が咲きまんねんでぇ」

「なぁ～んか、今日のウエちゃん『細うで繁盛記』の新珠三千代みたいやなぁ！」

「わかったぁ～？　ひっひっひっ、ひぃ～ぃ！」

　ウエちゃんは無欲の勝利の阪神タイガースみたいな、全然仕事をやる気がないカメちゃんや柿ちゃんが大好きなのである。それやのに、それやのに、えぇ歳こいてぇ欲どい色気が出てきた。何が本名を出してくれやねん！　そんな宣伝みたいなことはモノ書きの端くれとして絶対にせぇへんでぇ（……カメちゃんの本名は某政党の幹部で、その名前に反して全然静かではない代議士と一緒。だからカメちゃんの名前は仮名なのである。勘の鈍い読者のみなさんにはカメちゃんの本名は、いくら考えても絶対にわからないと思うねんけどぉ。わからへんよねぇ？）。

　いくら本人のたっての希望でも、登場人物のプライバシーを守るのがモノ書きの義務である。文句があったら、どっからでもかかってこんかぁ～い。ははは っ！　今日はこれくらいにしとったろぉ。

　おっ！　そうそう……肝心なことを忘れてたぁ！

　ギリシャとの国境の町、ユーゴスラビアのスコプリエからのカメちゃんの行程をかいつまんで紹介しておこう。

命知らずの冒険者の面々を乗せた日本製大型観光バスは、七月十九日早朝にギリシャはテッサロニキに向かいスコプリエを出発している。その後カメちゃんが運転するバスは、オリンパス、アテネ、アレキサンドルポリス、イスタンブール、ウスクダラ、アンカラ、アダナ、ダマスカス、アンマン、バグダッド、テヘラン、イスファハン、ケルマン、ザビダン、クエッタ、モヘンジョダロ、カラチ、スツクル、ルムタン、ラホール、デリー、タジマハール、アラハバード、ガヤ、を通り、そして最終目的地のインドのカルカッタには八月二十五日の午後十時に到着している。

しかし、後半部分の話はただそれだけである。

後は馬糞紙の隅に「砂漠の野営／サソリ」と書いてあるだけである。一体何があったのか?……と、本人にいくら問いただしてもさっぱり覚えていない。国会の安もんの証人喚問のように「記憶にございません!」の一点張りである。

あとは何にもわからない!

しかしこのオッサン、ン十年も昔に行った北陸の温泉芸者との助平遊びだけは、なぜか鮮明に覚えているし、琵琶湖や岐阜周辺のお風呂での石鹸遊びも強烈に記憶している。「ワイな、毎日ニンニク食べてるさかいになぁ! 元気モリモリやでぇ。がっはっはっ!」とほざいている。

もぉ〜、ほんまに訳がわからん御歳七十六歳の大年寄りである。

みんな一回、冥土《めいど》の土産に乗ったてぇ！　早よぉ〜せなぁ、死にまっせぇ〜！

ウエちゃん、帰れなくなり月を見る

男っとこ前のタクシー運転手のウエちゃんは、崔洋一監督と井筒和幸監督のヤタケタでホゲタな映画がごっつ好きである。

崔洋一監督や井筒和幸監督のことなんかなぁ〜んも知らへん、映画や文化なんかにはじぇんじぇん縁のないタクシー運転手仲間らにこのことを話すと、

「ん？　さいよぉ〜いち？　それなんじゃ？」とか、

「ウエちゃん、鶴橋にそんな焼き肉屋があったかいなぁ？」とか、

「いづつぅ〜？　それどこにあふるちゃんこ屋やねん？」

と訳のわからへんことを仰るんでお返事に困ってしまう。

ウエちゃんは毎日毎日こんなんと一緒に仕事をしてまんねん！

ほんまに、あぁ〜〜〜、しんどぉ。

二人の監督作品の中でも特に元タクシー運転手で、現在は作家の梁石日原作で崔洋一監督の『月はどっちに出ている』という映画は日本の在日社会の裏側を見事に映像化しアホなタクシー運転手と、その日のタクシー運転手が持って帰って来る、日銭だけが目当ての糞欲どぉ〜しいタクシー会社経営者の話題がテンコモリなので特別にお気に入りの作品である。

在日朝鮮人タクシー運転手役の岸谷五朗にフィリピンパブの女役のルビー・モレノが色々と絡んで来てごっつ面白い映画である。

最近でも年に二〜三回は必ずテレビの深夜映画劇場なんかで放送しているんで、ウエちゃんはもうこの映画を二十回ぐらいはテレビで見ているはずなんやけど、何回も見ても飽きもせず大笑いしながらタクシー運転手の悲哀とタクシー会社の運転手に対する横暴ぶりに、

「そうや！　そぉや！　ホンマやぁ！」

と一場面一場面にけつね饂飩《うどん》をすすりながら頷いてテレビ画面に蹴りを入れて一人でツッコんでいる。

ウエちゃんもいつかはあんな原作を書いて崔監督や井筒監督に映画かテレビドラマにでもしてもらいたいものやと密かに淡い夢を見ているのである。

ところでこの映画にはいっつも自分の居場所がわからへんで、自分の勤務するタクシー会社に公衆電話から、

「あのぉ〜、僕はいったいどこにいるのでしょうかぁ？」

と電話をするアホで方向音痴のタクシー運転手が登場する。

するとタクシー会社の当直のオッさんは面倒臭そぉ〜に怒りながら「月はどっちにでていますか？」と聞くのである。

そう映画のタイトルにもなったあの名場面である。

それを見るたびにいつもウエちゃんは、

「お前らぁアホちゃうかぁ！ そんな奴がなぁタクシー運転手をでけるわけあらへんやろがぁ！ 下手糞な作り話をすんなぁ！ こらぁ！ ぼけぇ！」

とテレビ画面に向かっていっつもぼやき倒していたのだが……。

某月某日

深夜である。丑《うし》三つ時です。入庫したいです。

それやのに大阪市内某所より糞が五つほど付くほどの長距離のお客はんが、無理矢理に乗りこんで来た。

行き先は、な、な、なんとぉ、丹波の篠山《ささやま》である。

丹波の篠山と言えば兵庫県のど真ん中。

もぉ〜ちょっとだけ走ったら大江山の鬼が出て来るところなんである。

丹波の篠山は今でも山賊やイノシシがウロウロして、春から秋にかけては食べ物を探しに月の輪熊くんまでもが出て来るよぉな山の中である。

タクシー運賃は締めて二万七千円。現金での支払いである。

大阪のホテルに泊まったほぉが遥《はるか》に安いはずなのに、よくもこんな高額なタクシー運賃が支払えるもんやと感心してしまう。

深夜でウエちゃんの心はほとんど入庫していたので、嬉しいような悲しいような複雑な心境である。わかりやすく言えば病気で死にかけているのにジャンボ宝くじの前後賞に当たったようなもんである。

その日は朝から必死のパッチで働いた総売上が一万八千円やったから最高のお客様であることには間違いない。まぁ、中国自動車道から舞鶴自動車道に乗り継いでも深夜なので片道で一時間程度の距離なんで「まぁ〜、えぇかぁ！」と思ったんやけど恐い顔をしたお客はんは、

「運ちゃん！　悪いねんけどなぁ、阪神高速道路の空港線をなぁ、池田から川西に抜けたらなぁ、ワイだけが知っとる山ん中の峠越えの道があるさかいになぁ、そっちから行ってくれへんかぁ？」

と言うではあぁ〜りませんかぁ。

怪しい！　実に怪しい！　じぇったいに怪しい！　どうしても怪しい！

大体やねぇ……。

普通なら高速道路の方が早くて便利がえぇはずなのに、山の中へ山の中へと無理矢理に行こう行こうとするお客はんは海千山千のタクシー運転手の勘で間違いなく要注意なんである。

恐る恐るルームミラーでお客はんの顔を覗き込んだら『巨人の星』の星飛雄馬のように目がギラギラ光っている。

ううううう。ウエちゃんここで一巻の終わりかぁ!?

とりあえず用心のために現在の自分がいる場所と今後のコースと目的地を無線交信しようと普段使わない無線のスイッチを入れるが、時すでに遅く無線の交信圏外に出てしまっていた。

途中、恐い顔をしたお客はんは自分だけが知っている山ん中のクネクネとした近道を、

「そこを左へやでぇ！　次の三叉路を右へ！　次の五叉路は左から二つ目を直進やなぁ！」

とお通夜みたいな暗い声で指示を出すんやけど、タクシー運転手やのに三半規管が弱くて自分自身の運転でも雨の夜や霧の夜には車酔いするウエちゃんはもぉ〜フラフラ。

なんやかんやとワイワイガヤガヤとするうちにだんだんと寂しい所へやって来た。

対向車もずぅ〜と一台も通らへん。そんなアホなぁ！　もぉ〜、びびんちょ！

一車線しかない山道の中でふと谷川の側道を見るとガードレールがあらへん。ひぃぇ〜〜〜！

「運ちゃん！　気ぃ付けて走ってやぁ。一年になぁ、二、三台は車が落ちるトコやさかいになぁ！　あんたと一緒には死にとうはないさかいになぁ！」

「はい、わかってますぅ。とほほほほ〜！」

「今日死ぬんは、運ちゃん一人でえぇねんからなぁ！　ふふふっ！」

「ひぃぃ〜〜〜！」

お客はんは本気とも冗談とも取れる事を始終暗い声で言い続けている。

結局は何事もなく山の中を無理矢理に切り開いたようなお客はんの自宅がある新興住宅地に着いたのだが、いったいここがどこなんかまったくじぇんじぇんわからない。

（えっ？　ここはどこなん？）と思っていたら、

「ほな、運ちゃん、サイナラ！　気ぃ付けて帰りやぁ！　この辺は熊が出るでぇ」

と言い残して支払いだけしてサッサと家に入るので帰り道がじぇんじぇんわからへん。

十分ほど走るが行けども行けども走っても走っても道案内の看板標識があらへん！

なんでやねん。（ドン！）

やっとのことでヤモリがガラスにへばりつき蜘蛛の巣が張った公衆電話ボックスを見つけて、ウエちゃんが勤務する親切慇懃日本一のタクシー会社に電話をする。

「あのぉ～、夜中ほんまにぃえらいすんまへぇ～ん！」

「なんやぁ、ウエちゃんかいなぁ！　どないしたんやぁ？」

と今晩の当直はよりによってウエちゃんファンで一度喋り出したら数時間はうんちく話が止まらない陣内部長である。

（げっ！　夜中に二時間も電話で喋り出したらどないしょ？）と密《ひそ》かに心配しながら、

「斯《か》く斯く然々《しかじか》でウエちゃんはいったい何処にいるんでしょうかぁ？　ううぅぅ。　うわあ～～～ん！」

と半ベソのウエちゃんの質問に、さすがにタクシー業界歴四十年。海千山千のタクシー運転手を相手にしてきたベテラン管理職の陣内部長！

「あんなぁ、公衆電話のどっかに住所が書いてへんかぁ？　書いてるやろぉ！　そこどこやぁ？」

「えっ～と、兵庫県多紀郡（現・篠山市）のXX町XXXX番ですぅ！　ううぅぅ。」

「ごっつい長～い番地やなぁ！　大字や小字は付いてへんのかぁ？」

「付いてまへん！　ううぅぅ。ヒック！　ヒック！」

「大体やなぁ、大字小字ゆぅのはやなぁ、斯く斯く然然云々でぇなぁ……」

嗚呼、また始まったのである。陣内部長得意のうんちく長話が！

ウエちゃんは、そんなことより一刻も早くこの熊が出るという山の中から脱出したいのです！

公衆電話ボックスの窓ガラスに吸盤丸出しでへばりついたヤモリのヤモ吉ちゃんが「キィ〜！　キィ〜！」とウエちゃんに向かって必死のパッチで何かを訴えている。

「すんまへん！　その話は又今度ということで！　部長！　早く、ウエちゃんを大阪へ帰らせてください。ワイじぇったいに丸々と肥えてるんでクマさんに美味しく食べられますぅ！」

「おぉ〜、そうやそうやぁ！　ちょっと地図を見るわなぁ！」

公衆電話の外をなんか訳のわからん怪物体が数匹、右から左へ走り抜けて行った。

うぅ〜〜ぅ！　恐いぃ〜！　早くぅ助けてぇ〜！

「ウエちゃん！　そっちは月が出てるかぁ〜？」

「餃子みたいな大きい月が目の前に出てますわぁ！　シクシク！」

「月はどっちに出てるぅ〜？」

「はぁ〜？」

「月はどっちの方向に出とんねん?」

ん……? なぁ～んか崔監督の映画で聞いたような台詞である。

「正面ちょっと右に出てまっせぇ!」と答えると陣内部長は、

「よっしゃぁ! よっしゃぁ! その月に向かってなぁ、真っ直ぐの道があるやろぉ?」

「えぇ～! なんでわかりますのん?」

「それを真っ直ぐに走ったらなぁ、中国自動車道に出るさかいになぁ、あとは大阪まで一直線やぁ!」

と陣内部長の指示通りに走ったら一時間後にはホンマに大阪まで簡単に帰ってきたのである。

「さてぇ、みなぁさん! しゃぁけど映画ちゅうのは裏付けがしっかりしてまんなぁ! ありがとぉ!」

とつくづく感心する熊さんに美味しく食べられかけたタクシー運転手のウエちゃんなのであります。

あとがき

ちょうど一年が経った！　時が経つのがめっちゃ速い。あれは去年の天神祭の日！　腹が立つくらいくそ暑い日だった。いつもの通り晩飯と仮眠を取るために自宅に帰ったら、一本の電話が鳴った。

電話の主はこの本の版元である本の雑誌社の編集デスク・浜本茂である。

「こんにちは！　ところで、ウエちゃんちにはパソコンはある？」

なんとも唐突な質問である。

「うん！　プリンターはあらへんけど古いパソコンならあるでぇ」

と答えると浜本茂は一方的に、

「だったら面白い話を適当にパソコンで原稿に書いてメールに添付して送って！　じゃ、よろしく！（ガッチャ！）」

「はぁ～？　おいおい！　ちょっと待ったらんかいなぁ！　もしもぉ～し！　ハロ～！　ヨボセェヨォ～！」

それから毎日毎晩来る日も来る日も、タクシーの仕事を終え深夜に帰宅して、朝まで原稿を書き、メールに原稿を添付して送り昼まで寝て、またタクシー運転手に戻るという生活が一年続いた。

この一年間、深夜の執筆を一日も休んでいない。毎日、一行でも一枚でも書くようにしている。もし一日でも休んだら、突然一文字も書けない日が来るような気がするからである。

一年間せっせと原稿を送り続けて、その原稿を送り返され泣きながらまた送り直して、やっと単行本の出版にこぎつけたのである。

本の雑誌社は総合書評誌の出版社であるから、文章に関しては非常に厳しいことは覚悟をしていたのだが、本当に長かった。

その間に編集デスクの浜本茂はドサクサに紛れて発行人に昇格してしまい、発行人だった目黒考二（北上次郎）は顧問になり書評家兼競馬予想人になってしまった。編集長の椎名誠は三角浮玉野球にはまってしまい、どこかの海岸で麦酒を飲みながら酔い潰れている。

ウエちゃんは下痢が続く毎日なのに何故か十キロも体重が増え、健康診断の身長測定では背が縮んでしまい、視力が落ちて極度の肩凝りになり上前歯が抜け落ちてしまった。どうも執筆という作業は健康的にも精神的にも良くないような気がする。

今も次なる二冊目を目指し、明日が危ない壊れそうなパソコンに向かって夜な夜な原稿を書き進めている。しかし、二冊目が出るかどうかは、本書の売れ行きにかかっている。

日本全国で日夜頑張っているタクシー運転手さんの半分の人がこの本を買ってくれたらなあ！

二〇〇一年猛夏　暑くて熱くてタクシーから外へ一歩も出られへん天神祭の日に

植上由雄

文庫版あとがき

本書が現役バリバリのほんでから大阪のコテコテのタクシー運転手が書く単行本として、華々しく本の雑誌社から最初に出たのが二〇〇一年の八月。

単行本として発売されて一カ月で大阪の某人気ラジオ番組でドラマ化されて、男っとこ前のタクシー運転手のウエちゃんの役をあの、あの、あのぉ！

「さてぇ、みなぁさん、ありがとぉ！」

の浜村さんが見事な浜村節でウエちゃんを演じて呉れはって、激暇の大阪の街にある駅前のタクシー乗り場で長時間の客待ちをして鼻糞をほじり倒し鼻血を出しているタクシー運転手らが大笑いして呉《く》れて泣いて呉れた。

どっかのヤクザな美辞麗句を並べ立てる糞法螺《ほらふ》吹きテレビ制作会社からはテレビドラマ化の話しまで舞い込んで、

「こりゃぁ、単行本の著作権が切れたら文庫化のオファ〜は引く手が数多《あまた》やなぁ！　入札箱が要るでぇ、がっはははは！　甘露《かんろ》、甘露！」

と余裕を扱《こ》いていたらいっつまで経ったかてどっこの版元も声をかけてくれへん。

「まぁ〜、みなさぁん、聞いてください！」

「嗚呼ぁぁ〜、つらいのぉ〜！　ヨコヤマァ〜！」

と完全に意味不明のことをハンカチを咥《くわ》えながら呟《つぶや》き咽《むせ》び、

「もぉ〜これでワイの名作もとうとぉお蔵入りかいなぁ、びびんちょやのぉ！」

とほぼ諦めていたら、

「あのぉ〜、大きな声では言えませんが、小さな声では聞こえません！」

「おらぁ、おらぁ、おら、なんやねん、そりゃ、こらぁ！　お前ぇ、誰やねん！」

「あのぉ〜、幻冬舎から文庫本にしませんか？」

とかなりに際物好きの幻冬舎の敏腕（らしい？）編集者の有馬君から昨年末にやっと声がかかった。

「おぉぉぉ！　あの幻冬舎文庫かぁ！」

と喜んでいたら途中からなんとなく雲行きが怪しくなってきた。

「こらぁ、幻冬舎文庫とちゃうんけぇ……！　幻冬舎アウトロー文庫ぉぉぉ……？　なんでやねん？」

と言うウエちゃんの疑問質問オブジェクションに有馬君はごっつ涼しい顔をして、

「タクシー運転手と言えばアウトロー、アウトローと言えばタクシー運転手じゃないですかぁ！」

と言うではあぁ〜りませんかぁ。

ワイが知っている『幻冬舎アウトロー文庫』と言えば、タクシー運転手の大先輩でもありタクシーシリーズでデビューした梁石日を筆頭に、亀甲縛りの団鬼六、浅田次郎、宮崎学、家田荘子とこの世の裏街道を闊歩《かっぽ》する凄い人たちが名前を連ねている。

そうか、そぉか、そぉ〜なんやぁ！

どこでも立小便をしてタクシーの運転席の窓からは平気でタバコの灰や吸殻を棄て、道路は便所かゴミ箱やと思い込んでいて、地震なんかの災害や葬式なんかの人の不幸ごとがあれば我先に不幸先に群がり、アロハシャツと半パンにビーチサンダル姿で保証人無しでエラソーに入社面接に行き、その場で堂々と借金を申し込んですんなりと採用されるタクシー運転手らはやっぱし誰が見たかてアウトローで間違いはないのである。

本書の原稿をいっちゃん最初に書いたのは十年以上も前にさかのぼる。

この十数年で旧態依然な太平洋戦争後のドサクサを未だに引きずっているタクシー業界も色々と変化して来た。

十数年前に意を決してタクシー運転手になったウエちゃんは、まんだ歳も三十代の後半で血気盛んで血圧も血糖値も低くタクシー運転手としてはいっちゃん若いほうであった。いろんな事があってタクシー運転手人生あれから幾星霜《せいそう》（……遠い目）。

今年の梅雨にはとうとぉ五十歳になってしまった。

しかし今でもタクシー運転手としてはなんでか、いっちゃん若いほうであるのがごっつ不思議なのであります。

今、現在は東京と大阪だけにあるタクシー運転手の御白州《おしらす》でもある財団法人（東京・大阪）タクシー近代化センター（通称・近セン）は数年前に、羊頭狗肉《ようとうくにく》なタクシー会社も夜郎自大なタクシー経営者も悪逆無道のタクシー運転手も見事に立派に近代化を果たしたとして、財団法人（東京・大阪）タクシーセンター（通称・タクセン）と名称が変更され生まれ変わった。

ここ数年、タクシー業界には国土交通省が唱える規制緩和というお題目の下にさまざまな事が起きた！

大阪では色々な体系のタクシー料金が国土交通省近畿運輸局から認可されて、タクシー料金は「あっ！」と言うまもなく四十種類を簡単に超えて、海千山千のプロのタクシー運転手でさえ何処のタクシーがいっちゃん安くて何処のタクシーがいっちゃん高いか全くもって見当がつかなくなった。中距離以上ならタクシーによっては小型車より中型車のほぉが遥かに安い逆転現象が起こっているのも事実である。

そして大阪のタクシー全体の九割以上が『五千円以上五割引』と言ふ世にも珍しいタクシー料金の改定に踏み切ってタクシー業界は一時大混乱に陥った。

さてさてこの『五千円以上五割引』のタクシー料金制度。

五千円を超えると通常八十円の爾後料金が四十円になるのである。爾後料金と言ふのは料金メーターがポテチンと次に変わることを言う。

仮に大阪市内から静岡県の某所まで阪神高速、名神高速道路を乗り継いで東名高速道路を実車で走ったとしよう。

通常なら多分この静岡県の辺りで料金メーターが一万五千円になる。

日本のタクシー運転手の九割以上が基本給もない売り上げに比例した完全歩合給である。

全国のタクシー運転手の歩合の平均手取りはなんやかんやと差し引かれて総売り上げの五割ほどやねんけど、糞欲どぉしいタクシー会社なんかになると「燃料のLPガス代金」「オートマチック車使用代金」「タクシー無線使用代金」「制服リース代金」「車載カーナビ使用代金」なんかをか弱いタクシー運転手からしゃぶり取り、そんなんを差し引かれたタクシー運転手の手取り歩合が三割前後の場合も実際にあるのである。

大阪から静岡県内まで高速道路を利用して途中のサービスエリアでけつね饂飩《うどん》を二回ほど

食べて片道五時間、往復十時間の仕事でお客さんから頂戴した一万五千円の半分がタクシー運転手の手取りとなる。

これを『五千円以上五割引』に換算するとどうなるのか？

『五千円以上五割引』とは五千円を超えたら超えた分のタクシー料金が五割引になるのである。それを知ったお客さんは休憩でサービスエリアやパーキングエリアに停まる度に狂喜乱舞の呑めや唄への大騒ぎ！

タクシー運転手は手取りから自腹分の帰りの高速道路の負担金のことを考えただけで、往路の関ヶ原付近で胃潰瘍が悪化して名古屋付近で結石が密《ひそ》かに動き出して気絶してしまうのである。

こんなタクシー業界が面白くてオモろうて辞められへんのも事実です。

二〇〇六年極夏　暑くて熱くてアイスの食べ過ぎで公衆便所探しに必死な日に

植上由雄

この作品は二〇〇一年八月本の雑誌社より刊行されたものです。

時勢の変化などにより、過去のものとなってしまった事象が本書内に記述されていますが、執筆当時の趣旨を尊重し、そのままの表現を残してあります。

幻冬舎アウトロー文庫

●好評既刊
タクシードライバー 一匹狼の歌
梁石日《ヤン・ソギル》

乗り逃げ、喧嘩は当たり前、時には殺人や時価二億円の忘れ物にまで遭遇する職業の恐るべき実態と人間模様を、元タクシードライバーの直木賞候補作家が哀歓を込めて綴る傑作ルポ！

●好評既刊
タクシードライバー 最後の叛逆
梁石日《ヤン・ソギル》

路上駐車、スピード違反、飲酒運転……警察の不当な取締りで捕まらない「掟破りの裏技」を、タクシードライバーとして数々の修羅場を経験した人気作家が密かに伝授する前代未聞の問題ルポ！

●好評既刊
勝負の極意
浅田次郎

わたしはこうして作家になった！ 苦節20年。どうしても小説家になりたかった男は卓越した商才と博才《ばくさい》を駆使し、ついに悲願を成就した。成功の秘訣を初めて明かす痛快人生必勝エッセイ。

●好評既刊
初等ヤクザの犯罪学教室
浅田次郎

「私はこの先、皆さんに鮮やかな詐欺の手口とか、簡単な人の殺し方だとか、強盗、麻薬、誘拐などの兇悪犯罪のノウハウを講義するわけです」――著者の実体験（？）に基づく犯罪学エッセイ！

●好評既刊
競馬どんぶり
浅田次郎

競馬歴三十年、競馬の達人はなぜ身を滅ぼさずにすんだのか？ 競馬とは何か？ 馬券とはいかなるものか？ 競馬という人生最大のゲームの楽しみ方と醍醐味を指南する必勝競馬エッセイ！

GENTOSHA
OUTLAW
BUNKO

笑《わら》う運転手《うんてんしゅ》

ウエちゃんのナニワタクシー日記《にっき》

植上由雄《うえがみよしお》

平成18年10月10日　初版発行

発行者――見城徹
発行所――株式会社幻冬舎
〒151-0051東京都渋谷区千駄ヶ谷4-9-7
電話　03(5411)6222(営業)
03(5411)6211(編集)
振替00120-8-767643
印刷・製本―株式会社 光邦
装丁者――高橋雅之

幻冬舎アウトロー文庫

ISBN4-344-40865-9　C0195　　O-78-1